品牌之道

极氪全球化策略

THE GLOBALIZATION STRATEGY OF ZEEKR

刘晓彬 谭波 邱阳 著

上海交通大学出版社
SHANGHAI JIAO TONG UNIVERSITY PRESS

内容提要

本书从当代的经济全球化趋势和品牌的市场全球化趋势讲起，阐述汽车品牌全球化的必然性，剖析全球化汽车品牌的特征与经典案例，分析极氪品牌全球化面临的问题及所拥有的机遇和内生优势。本书重点阐述极氪可乘着国内汽车市场"一卷到底"而汽车出海成新引擎的东风，可循着"产品出海、技术出海、海外上市"三部曲来开拓海外市场，实现从"内卷"到"外卷"的转变，在思路转变中寻找新增量，以取得海外市场的一席之地。同时，对极氪品牌全球化传播提出策略建议。本书为读者呈现了极氪品牌全球化的全景蓝图，对汽车行业人士及关注者极具参考价值。

图书在版编目(CIP)数据

品牌之道：极氪全球化策略/刘晓彬，谭波，邱阳著. —上海：上海交通大学出版社，2025. 8. —ISBN 978-7-313-32593-8

Ⅰ. F426. 471

中国国家版本馆CIP数据核字第202567DE35号

品牌之道：极氪全球化策略

PINPAI ZHI DAO: JIKE QUANQIUHUA CELÜE

著　　者：刘晓彬　谭　波　邱　阳

出版发行：上海交通大学出版社

地　　址：上海市番禺路951号

邮政编码：200030

电　　话：021-64071208

印　　制：上海新华印刷有限公司

经　　销：全国新华书店

开　　本：710mm×1000mm　1/16

印　　张：9.75

字　　数：152千字

版　　次：2025年8月第1版

印　　次：2025年8月第1次印刷

书　　号：ISBN 978-7-313-32593-8

定　　价：68.00元

本书编写组

编写组组长：刘晓彬

编写组副组长：段　旭　敬　诚

编写组成员：谭　波　邱　阳　罗传华　徐文燕
曾晓宇　王琦林　杨　漾　马　强
范文婧　李　莹　刘　敏　姜欣蔚

前 言

生产力的发展是经济全球化的根本动力。2017 年 1 月 17 日在世界经济论坛年会的开幕式上，习近平总书记指出："历史地看，经济全球化是社会生产力发展的客观要求和科技进步的必然结果，不是哪些人、哪些国家人为造出来的。"①

当生产力发展到人们有能力在全球范围内进行商品生产和交换，寻求生产要素的优化配置时，经济全球化便会不可遏制地出现。伴随着科技的进步，人们在全世界优化资源配置的能力在逐步增强，经济全球化亦在不断发展。来自经济学界的观点认为，世界各个国家和地区的市场消费能力的强弱，大概取决于五个因素：人口数量，收入水平，消费观念，消费质量，社会福利。所以，要想驾驭好拉动经济的"三驾马车"——投资、消费、出口，各国企业跨出国门，瞄准不同能级、不同层次、不同体量、不同需求的消费市场非常重要。

汽车作为交通出行产品，地有多广、路有多宽，产品延伸的半径就有多长。汽车车轮能够到达的地方，都是车企的舞台与市场。作为全球化属性最强的产业之一，汽车与其全球产业链之间是互动的、互补的、互相促进的，当逆全球化的乌云袭来，一荣俱荣、一损俱损的局面也必然出现。

全球化的汽车品牌一般都会呈现出三大显著特征：产业链条全球化、资源利用全球化、市场服务全球化。在汽车品牌全球化发展过程中，必然伴随产销、服务、并购等一系列竞争与合作。这里面当然少不了各种斗智斗勇的

① 习近平.共担时代责任 共促全球发展——在世界经济论坛 2017 年年会开幕式上的主旨演讲[J].中国应急管理，2017(1)：3－5.

奇妙篇章，却最终汇入同一条河流，朝着更加开放、包容、普惠、平衡、共赢的方向发展。

随着电气化时代的到来，全球车企在新能源的赛道上展开了新一轮的角逐。2024 年 1 月 31 日，习近平总书记在二十届中央政治局第十一次集体学习时的讲话中指出："发展新质生产力是推动高质量发展的内在要求和重要着力点。"①

全国政协常委、全国工商联副主席张兴海在第六届全国青年企业家大会上的主旨演讲中说："培育新质生产力，推动新能源汽车产业实现新跨越。"②

正如大家看到的那样，我们身边丰田、大众、特斯拉、比亚迪等，在"各领风骚数十年"的态势中开辟了属于自己的品牌市场。正是这些各具特色、各显风流的新技术、新时尚、新革命，引领着世界车市的全球化进程。当然，我们也要注意一种竞争现象：即便是几十年后的今天，在外国人眼里，中国品牌依然没有完全摆脱"后进车"的刻板印象。

如何打破国外市场对"中国制造"的偏见，以极氪为代表的国产品牌的任务艰巨而繁重。更迫切的是，作为新能源汽车市场的"后浪"，在品牌沉淀不足、市场认知度不高的情况下，极氪如何能在"杀疯了"的"红海"中拼出一条"血路"？

当然，吉利近 40 年来积累的深厚产业基础和全球产业链，让极氪的技术实力得以快速成长。而且，"极氪本身在架构与商业模式上又趋向新势力，这让它在面对各种复杂问题时，无论是决策还是执行都能高效运转"。

需指出的是，在竞争持续白热化的汽车行业，从来没有"骑墙者"的舞台。那些在大潮退去后依然幸存的车企，无一不是长期主义的坚守者。在年轻人主导的汽车市场，在全球化如火如荼的今天，极氪更应该秉承长期主义，一方面，先对标再立标；另一方面，输出技术标签，讲好中国故事，展现"极氪式"实力与智慧，让全球用户体验到中国新能源汽车的高价值与高性能。

站在当前回看 20 世纪末 21 世纪初，中国政府实施的关于新能源汽车的

① 习近平. 发展新质生产力是推动高质量发展的内在要求和重要着力点[J]. 求知，2024(6)：4－6.

② 赛力斯汽车集团. 培育新质生产力，推动新能源汽车产业实现新跨越[N]. 人民政协报，2024－05－17.

相关计划与行动，无疑是非常具有超前预判性、前瞻性、科学性的。汽车产业百年一遇的大变局正伴随着汽车“新四化”，生机勃勃而又势不可当地来到我们身边。这个百年一遇之变，是激荡之遇，是发展之遇，是革新之遇，是机会之遇。中国一直扮演着的“追随者”的角色有望更新为“领导者”的角色。

当下的中国经济正处于拐点，汽车出海正成为中国汽车市场增长的新引擎。由内卷转向“外卷”已成为一众车企的共识。极氪要乘着东风出海，开拓海外市场这个第二发展曲线，并在海外市场开辟一席之地，或可循着“产品出海、技术出海、海外上市”三部曲，在思路转变中找到新增量。

著　者

2024 年 5 月

目　录

第一章

汽车品牌为什么要全球化

在百年未有之大变局下，汽车产业正经历着从技术范式到市场格局的全面重构。全球化作为驱动产业变革的核心力量，催生了新能源革命带来的换道超车机遇。面对逆全球化与科技战的双重冲击，汽车产业的全球化进程已不仅是市场选择，更是生存必需。

第一节　全球化浪潮下的产业必然性

立足历史演进与现实挑战，本节将尝试解码汽车产业与全球产业链共舞的深层逻辑。通过揭示技术创新与产业协同的互动关系，剖析全球价值链的动态演进规律，阐释汽车产业在开放竞争中实现技术升级与品牌突破的必然路径。这既是应对逆全球化挑战的战略选择，更是把握百年变局机遇的关键所在。

一、经济全球化的历史演进与动力机制

(1) 技术革命驱动的产业融合。经济全球化的本质是生产力发展突破地域限制的必然结果。从 14 世纪佛罗伦萨工场手工业萌芽，到 15 世纪末 16 世纪初新航路开辟打破地理隔绝，人类首次实现跨大陆贸易网络的构建。18 世纪第一次工业革命使英国通过殖民体系将印度棉纺业纳入全球价值链，19 世纪电力革命催生跨国公司的雏形，20 世纪信息技术革命重塑全球产业格局。当前以 5G、AI 为核心的第四次工业革命中，以特斯拉为例，其上海超级工厂实现了高度智能化的生产流程和全球协同。从第 100 万辆到第 200 万辆整车下线仅用时不到 13 个月，展现出较高的生产运营效率。这种“即时全球化”模式标志着产业资源配置进入新阶段。技术革命不断压缩时空距离，迫使汽车产业必须融入全球分工体系，以获取研发、生产、销售的全链条优势。约翰·邓宁(John Dunning)认为，大多数国家和企业都介于最浅层次和最深层次之间，但其跨国经济活动的趋势是朝着越来越一体化的方向发展。

(2) 要素重组形成的产业生态。全球汽车产业链呈现显著的垂直分工特征：北美地区集中了主要的研发投入，东亚地区承担了大部分的制造环节，欧洲在高端测试领域占据主导地位，中东地区则是重要的豪华车消费市场。这种分工体系推动了全球汽车零部件贸易的快速增长。德国博世、日本电装、美国德尔福在全球汽车零部件市场中占据前三。中国通过“市场换技术”战略，培育出全球最大的新能源市场，动力电池产能占全球 65%，充电基础设施保有量超过 1 000 万台。要素全球化配置已成为汽车产业生存发展的必要条

件，任何国家试图构建独立产业链都将面临成本激增和效率损失。

（3）新能源革命带来的换道机遇。全球能源转型为汽车产业提供战略机遇。欧盟碳关税政策可能对传统燃油汽车出口成本产生潜在影响，而中国新能源汽车在欧洲市场的溢价能力显著提升。2022 年中国汽车出口 311 万辆，首超德国，新能源汽车占比约 22%，标志着全球汽车产业格局正在重构。这种转型背后是技术积累的突破：比亚迪刀片电池针刺不起火技术达到国际领先水平，宁德时代（CATL）CTP3.0 麒麟电池能量密度达 255 Wh/kg，支撑电动汽车续航突破 1 000 公里。新能源革命迫使汽车产业必须参与全球技术竞争，才能在这场百年变局中占据有利地位。

二、逆全球化挑战与科技战的双重影响

（1）贸易保护主义的多维冲击。“逆全球化”在本质上是全球化的下行期或全球化周期性过渡的缓冲期的表现，是属于全球化周期变化的一个阶段①。2018 年以来，美国对华加征关税涉及大量商品，对全球汽车供应链成本产生了显著影响。半导体领域的“小院高墙”策略对全球研发投入和技术扩散产生了负面影响。2021 年，马来西亚新冠肺炎疫情的爆发令全球汽车产业遭受重创（马来西亚作为全球半导体产品第七大出口国，且封测产能约占全球的 13%），导致当年全球汽车减产达 700 万辆。中国车企也未能幸免，大量车企因芯片供应不足，产能受到极大限制。步入 2024 年，全球汽车产业仍未完全摆脱此前因芯片短缺等供应链问题带来的余波。2024 年，蔚来、理想等中国车企受困于供应链与技术发展的多重挑战，再度凸显全球化产业链的脆弱性。如今，在逆全球化思潮下，产业风险不断加剧，各国唯有深化全球化合作，整合资源、协同共进，才能有效抵御供应链中断、技术封锁等难题，推动汽车、半导体等产业稳健发展。

（2）科技战的产业重构效应。中美科技竞争正在重塑产业格局。中国在 5G 标准必要专利领域的全球占比约 40.8%，在人工智能领域论文产出数量位居全球前列，新能源汽车产业发展迅速，产量和销量均位居全球前列。这

① 班娟娟，金辉. 专家：“逆全球化”是全球化周期变化的一个阶段[N]. 经济参考报，2017-06-08(008).

种技术追赶促使德国依据国际产业竞争态势调整“工业 4.0”战略，加大了对华技术合作力度。全球研发投入地理分布格局正发生显著变化，中国研发经费投入占全球的比例从 2010 年的 8%升至 2024 年的 20%，2024 年美国研发经费投入占比有所下降，呈现出“东升西降”的趋势。科技竞争的本质是全球化竞争的升级，只有坚持开放创新，才能在技术制高点的争夺中掌握主动权。

(3) 供应链安全的新挑战。全球汽车产业链涉及 2 000 余家一级供应商，且任何一个环节的中断均可能导致整车厂停产。中国关键零部件对外依存度：车规级芯片 90%依赖进口，线控底盘系统主要依赖博世集团、大陆集团等国际供应商。2022 年俄乌冲突导致全球氖气供应减少，影响芯片生产成本和供应链的稳定性。供应链脆弱性促使车企调整策略：丰田建立“区域库存＋双供应商”体系，以应对芯片短缺风险；大众在中国设立多个研发中心，推动本土化研发。为保障产业持续发展，供应链安全需通过全球化布局实现，具体策略包括分散风险、冗余设计和本土化生产等。

三、品牌全球化的多维特征与中国实践

(1) 世界 500 强企业的全球化路径。《财富》世界 500 强企业呈现出一定的发展特征：在地域分布上，北美、亚洲、欧洲等地形成产业集群，且产业链呈现垂直整合、研发走向本土化、市场趋于区域化的趋势。以部分企业为例，丰田依据自身发展构建了庞大的全球供应商网络，覆盖众多国家；大众在中国设立 12 个研发中心推动本土化研发；联合利华基于消费市场细分，按六大消费板块布局。中国企业借力“双循环”实现新突破：华为凭借技术实力在 170 多个国家参与 5G 网络建设；比亚迪 2022 年海外销量同比大幅增长，在欧洲市场份额达到一定比例。品牌全球化已然成为企业提升竞争力的关键路径，企业通过整合全球资源、贴近目标市场，进而实现规模效应与品牌溢价。

(2) 中小品牌的全球化突围。跨境电商重构品牌出海路径。亚马逊平台中国品牌占比 38%，3C 品类占比 52%。安克创新通过“品牌＋技术”模式在北美市场表现强劲，其 2023 年北美市场营收约占总收入的 50%。SHEIN（希音电子商务有限公司）以快速上新模式在全球市场表现突出，尤其在欧洲市场。这种“小而美”模式使中国品牌在全球细分市场的占有率显著提升。2022 年中国跨境电商进出口额达 2.11 万亿元，同比增长 9.8%。全球化为中

小企业提供了弯道超车的机遇，使中小企业通过精准定位和技术创新，能够在全球市场开辟新赛道。

（3）中国品牌的技术出海特征。中国品牌通过“技术＋品牌”双轮驱动实现突破。在新能源领域，比亚迪刀片电池针刺不起火技术达到国际领先水平；在智能汽车领域，百度 Apollo 自动驾驶专利数量全球第一，测试总里程已超过 1 亿公里。这种技术优势已转化为市场竞争力，2022 年中国新能源汽车在欧洲市场的占有率约为 12%，产品溢价能力显著提升。中国新能源汽车在欧洲市场的均价为 3.2 万欧元，低于欧洲市场均价 5.6 万欧元。技术出海是中国品牌全球化的核心动能，通过自主创新掌握核心技术，才能打破“低端制造”的刻板印象①。

四、全球消费市场的梯度分布与战略价值

（1）消费市场的五维评估模型。基于人口规模、收入水平、消费观念、消费质量、社会福利等构建评估体系。2022 年全球奢侈品消费中，中国消费者贡献了 38%的销售额，但中国本土品牌在全球奢侈品市场的占有率较低。这种现象形成了“消费外流”与“品牌逆差”的双重矛盾，凸显了中国品牌全球化的必要性：既要满足国内消费升级需求，又要在全球市场实现价值回流。只有参与全球竞争，才能提升品牌溢价能力，实现从“制造大国”到“品牌强国”的转变。

（2）区域市场的差异化特征。北美市场拥有 3.3 亿人口，汽车保有量达到 2.85 亿辆，智能汽车渗透率达到 32%，自动驾驶接受度达到 68%。苹果 CarPlay 用户达 1.2 亿，特斯拉 Autopilot 行驶里程持续增长，形成技术创新策源地。通过进入北美市场，汽车品牌能获取前沿技术验证和高附加值回报②。欧洲市场拥有 7.5 亿人口，新能源汽车销量占比 21%，碳关税推动供应链重构。大众计划 2025 年在欧洲建成 2.4 万个充电桩，覆盖 95%的主要城市，引领环保消费趋势。参与欧洲市场竞争，有助于提升品牌环保形象和技

---

① 张冬梅. 技术出海让中国汽车全球化之路越走越宽[N]. 中国汽车报，2025-03-03(010).

② 李晓华. 技术推动、需求拉动与未来产业的选择[J]. 经济纵横，2022(11)：45-54.

术水平。亚太市场有41亿人口,东南亚电商渗透率从2%升至12%。印度汽车市场年增速9%,铃木、现代、丰田占据75%份额,形成规模增长潜力区。亚太市场的规模效应是汽车产业持续发展的重要支撑。新兴市场则主要在非洲和拉美地区。非洲汽车保有量4 800万辆,每千人10辆;拉美二手车占比65%。传音控股在非洲手机市场占有率40%,形成"技术—制造—销售"闭环,验证了新兴市场开发模式。新兴市场的增长潜力为汽车产业提供了战略纵深。

(3) 市场梯度带来的战略纵深。 全球消费市场呈现出"创新引领—品质消费—潜力开发"的三级梯度分布。北美、欧洲作为技术策源地,日韩、澳大利亚、新西兰作为品质市场,亚非拉作为潜力市场。这种梯度分布为产业全球化提供了战略纵深,苹果公司通常先在北美市场验证创新技术,随后在欧洲市场实现产品溢价,并在新兴市场扩大规模。中国车企借鉴此模式,如蔚来在欧洲建立换电站网络,小鹏在东南亚推出G3i右舵版,长城在俄罗斯图拉工厂实现本土化生产,形成全球化布局的良性循环。市场梯度分布要求汽车产业必须实施全球化战略,才能实现风险分散和持续增长。

第二节 产品属性与全球化

每种产品都有其独特属性。这些属性决定了产品在一定时期内生产的取材范围、吸纳的技术范畴、融入的文化元素、面向的消费群体以及被消费者接纳的市场空间。汽车作为交通出行产品,就某种程度而言,汽车车轮能抵达之处,便是其市场与舞台。这客观上决定了汽车的一个重要属性,即全球化产品属性。

一、产品属性的生命力与全球化

现代营销学之父菲利普·科特勒认为,产品整体概念可以概括为五个层次:核心产品、基本产品、期望产品、附加产品和潜在产品。显然,这种提法体现了以顾客需求为中心的现代市场营销观念。对此,国内也有实践派专家(如张荣举先生)将其延伸为产品的五大属性:核心产品属性、一般产品属性、期望产品属性、附加产品属性、潜在产品属性。

就汽车产品而言，其核心产品属性（指产品首先满足的最核心的利益）为代步。其一般产品属性（指产品包含满足核心需求的最基本产品属性，即一般产品）包括车轮、外壳、发动机、传动系统、刹车系统等。其期望产品属性（指要再加一些满足其他基本生理需求的属性，消费者期望有较好的表现程度，可以用量度值来测量）包括造型美观、发动机动力强劲、传动效率高、ABS安全性高、平稳性好、油耗低、舒适、能够保修等。其附加产品属性（指产品为了满足基本需求而增加的服务与利益，是更高层次的消费者需求满足，包括安全、社会、尊重需求等）包括各种高科技元素、自动驾驶、奢华的内饰、地位、尊崇、情怀、个性等。其潜在产品属性（指可能的增加和改变）涵盖生活、办公、娱乐场景中的功能创新、情感体验升级及精神层面的满足。

产品的竞争，实质就是层级或属性的数量和质量的竞争。其中最关键的一步在于，任何产品都要在满足前两层次的属性（核心产品属性、一般产品属性）上下足功夫，建设好自己的安身立命之本。再在期望产品属性、附加产品属性、潜在产品属性上不断突破，形成独有的、人无我有的优势。当相关竞争者在模仿、学习、跟进中都掌握了新的属性后，“新属性就会成为共有的一般产品属性，所有品牌就会再次拉开增加新产品属性的竞争，循环往复”。以此轮转，促成产品从低级别不断往高级别发展。所以，溢价竞争都是在更高层次（即期望产品属性、附加产品属性、潜在产品属性）上展开。而且，越要不被超越，就越要在期望产品属性、附加产品属性、潜在产品属性上不断超越。

参照萨林加罗斯的生命力公式：L＝TH。其中，L代表生命；T类比温度，指的是这种结构的能量等级；H代表平衡，指的是所有能量都处于平衡状态。我们可以类比提出一个“产品生命力”公式：产品长久生命力＝（核心产品属性＋一般产品属性）为产品中心＋（期望产品属性、附加产品属性、潜在产品属性）为竞争中心，包括自我的不断超越、模仿超越、对比超越、延伸超越。

显而易见的是：一个产品尤其是汽车产品，其长久生命力的保持必须以全球化的视野、全球化的市场、全球化的技术、全球化的竞争为引领。只有在生产国际化、销售国际化、品牌国际化、战略同盟国际化的过程中，不断触摸、体察、感知“五大属性”的发展脉动，才能摆脱“闭门造车”的被动，才能“通过新技术的共同开发、零部件的相互供给、新车型的开发等来引领新技术，从而获得竞争优势，占有更大的市场份额”。换言之，“五大属性”的发展变化，是在全球化的比较中产生的；“五大属性”的比较优势，是在全球化的竞争与合作中碰撞、追赶、超越出来的；“五大属性”的优势保持、优势引领、优势叠加，是一个又一个产品生命周期堆垒出来的，而其滋长与生发的土壤，总是在全球化的大市场中。

二、产品属性的重构力与全球化

因为“五大属性”本身就是一组变量，所以伴随着新技术革命的纵深发展，属性重构也必然来临。正如我们看到的那样，传统意义上的工业汽车产品，目前正在朝着互联网产品、智能产品、科技电子产品等方向迅速演化。

2018 年 10 月，在“世界智能网联汽车大会”上发布的《2018 年中国自动驾驶产业发展及投资价值白皮书》中，赛迪研究院对自动驾驶产业背景、产业链、产业现状、未来趋势、投资价值进行了详尽的分析和判断。尤其值得注意的是，赛迪顾问总裁孙会峰也认为，“汽车的产品属性正在重构，从独立的机械产品转向联网的软件平台”。对于这一观点，赛迪顾问还做了补充说明：“汽车运行产生大量数据，网联化为汽车对外联系提供了通道，基于汽车平台的软件开发为汽车相关服务赋予更多的价值，这部分价值甚至会超过车辆本身的价值。汽车不再是独立的机械个体，而成为一个联网的软件平台，为开发者提供广阔的扩展空间。”①

可以说，“独立的机械产品转向联网的软件平台”这一理念从万物互联层面也证实了：未来的汽车，一定是一个集纳全球科技、全网产品、全用户喜好的全功能端。在汽车空间里，全人类文明的各种智慧都可以接入、嵌入、融入。

与此颇为类似的是，新华网给出了“智能汽车”的定义——集环境感知、规划决策、多等级辅助驾驶等功能于一体的智能网联综合系统，它集中运用了计算机、现代传感、信息融合、通信、人工智能及自动控制等技术，是典型的高新技术综合体②。

实际上，一些让人惊艳的案例已经出现在我们身边。比如自动驾驶汽

---

① 赛迪研究院发布《2018 年中国自动驾驶产业发展及投资价值白皮书》！[EB/OL]. [2018-10-20]. https://blog.csdn.net/cf2SudS8x8F0v/article/details/83218544.

② 智慧出行听我说：什么是智能汽车？[EB/OL]. [2021-04-13]. https://www.xinhuanet.com/tech/20210702/C96E91D5EFF00001EB5ADD9055D33CA0/c.html.

车，特斯拉CEO埃隆·马斯克多次表示，特斯拉非常接近实现L5级别自动驾驶，即完全无人驾驶。国外相关报道显示，德国已经为汽车制造商通过了L3级别自动驾驶的道路认证。同时，美国、英国的相关政策也在推进中①。又如三栖汽车，来自中国江苏网2019年7月的消息：从外观上看，这架飞行器有点像科幻片中的模型，线条流畅，动感十足。值得一提的是，这是高新区空港经济开发区牧羽航空科技（江苏）有限公司自主设计研发并且生产的全球首款海陆空三栖飞行汽车MY-ABC。据介绍，所谓ABC，就是指Aircraft（飞机）+Boat（游艇）+Car（汽车）的三位一体。虽然汽车与飞机看起来是完全不同的交通工具，但转换起来操作并不复杂，驾驶者只需按一个按钮，机翼便会自动展开，30 s内即可从汽车变形为飞机，V形后尾翼、三叶螺旋桨，保证了飞机有足够的推力。作为飞机，它的最大起飞重量是700 kg，最高时速350 km，航程可达1 500 km；作为家用游艇、快艇，时速可达100 km；作为汽车，时速能达120 km，可行驶600 km。在停降陆地的时候，飞机机翼自动折叠，宽度2.6 m，长度5.7 m，可在一般的公路上行驶。再如水陆两用汽车，来自《新周刊》2022年11月14日消息，比亚迪公布了一项“黑科技”专利。不少汽车媒体称，比亚迪高端品牌“仰望”的百万级硬派SUV就采用了四电机的布局，可能具备了“浮水模式”这一功能。还如飞行汽车，来自中国财富网2023年2月5日消息，吉利科技旗下飞行汽车制造商沃飞长空日前完成兔年第一飞，本次飞行标志着AE200 X01系列试飞验证工作进入全新阶段。国际国内相关配套政策也对飞行汽车给予了支持，国家交通运输部印发的《交通领域科技创新中长期发展规划纲要（2021—2035年）》明确提到，“部署新型载运工具研发……部署飞行汽车研发，突破飞行器与汽车融合、飞行与地面行驶自由切换等技术”。

总之，汽车的产品属性，无论是“五大属性”，还是生命力属性、重构力属性，都决定了其过去、现在、未来的全球化产品属性。只有集纳全球化的智慧，才能生产出更加适应全球市场、全球速度、全球需求的产品。也只有着眼

① 52RD. 英国将给自动驾驶法律“松绑” 特斯拉要在今年上线完全自动驾驶[EB/OL]. [2022-04-21]. https://baijiahao.baidu.com/s?id=1730698803176811678&wfr=spider&for=pc.

全球消费，汽车产品的生命力、重构力、发展力才会不断延续、不断创新。

第三节 汽车“新四化”与全球化

众所周知，汽车“新四化”，即电动化（新能源动力系统）、网联化（车联网布局）、智能化（无人驾驶或辅助驾驶系统）、共享化（汽车共享与移动出行），已经成为汽车产业的新浪潮，并席卷全球汽车工业。换言之，汽车“新四化”与全球化之间是互动的、共生的、相互促进的，也是你中有我、我中有你的。

一、全球化推动汽车“新四化”

全球化是全人类共同进步的重要基石。全球化带来的好处是显而易见的，它可以充分发挥每一块土地的不同“天赋”，让消费者能用到全球最好的产品，让人类在各国的协同努力下变得越来越优秀。

就汽车工业而言，据行业分析，20 世纪 90 年代以后，经济全球化的进程显著加快。在这个过程中，汽车产业是领先且最具典型意义的产业之一。以中国为例，全球汽车产业在过去 20 年内实现了快速发展，奔驰、大众、丰田、通用等汽车公司不仅培育了中国这个全球最大的汽车市场，促进了中国经济和汽车产业的蓬勃发展，而且实现了销量的快速增加。相关专家指出：在中国，每形成一辆汽车的生产能力，需投资 2 万～3 万元人民币。换言之，无论是起步阶段还是生产过程，都需要调动各种资源、资金、生产资料不断注入。显然，这给中国经济的发展带来了产业和资金的双重动力。

就中国汽车工业而言，2023 年初立足中国整体市场的《全球汽车零部件行业现状及竞争格局分析》显示：“由于汽车零部件的专用性，在整车制造商开发新车型时，零部件制造商需要与整车制造商进行同步开发。目前，整车制造商零部件外购率已经超过 70%。”70%的外购率显然是一个不低的比例。这主要是因为中国与欧美国家不同，汽车工业建立的基础、崛起的过程、资源的配置都依赖于经济的全球化。当然，中国政府的努力也是卓有成效的。过去，为了规避起步晚与技术封锁、市场冲击的伤害，我们要求“外国车企在中国设立公司必须要有中方资本参与，且中方资本持股比例不能低于 50%”。

同时明确合资企业的本土化采购必须达到一定的比例。本土化的采购要求，推动了中国的产业与就业的可持续发展，也让生产市场、消费市场得到持续发展。这也是为什么越来越多的中国互联网企业、智能手机企业敢于造车，因为本土化的零部件采购体系在上述过程中发育成熟了。

这种全球化趋势，无论是全球车企在中国市场扩张，还是中国车企借助汽车“新四化”不断拓展海外市场的“汽车出海”，都属于波士顿咨询公司全球名誉主席汉斯-保罗·博克纳强调的“全球化的成果需要被全球公平共享，实现真正的双赢”。

也是在全球化成果被全球共享的过程中，汽车产业的分工与协作日益精细化。相关研究数据显示：“一般汽车约由 2 万多个零部件组装而成，结构极其复杂的汽车其独立零部件的数量可达到 3 万个之多”，“新能源汽车平均每辆车大概要 1 500 颗芯片，上升到自动驾驶这个阶段，单车需要 3 000 颗以上的芯片”。面对如此之多的、工艺复杂的，以及不断被添加进各种新思维、新智慧、新生态的零部件与芯片，再让一个企业独立完成尤其是高标准、高配置地独立完成一辆汽车的生产，几乎是难以想象的事情，即便是那些被媒体称为唯一或者唯二能够独立造车的国际先行者也不例外。

在汽车产业资源配置全球化、技术全球化、零部件采购与组合全球化、销售全球化的进程中，“让消费者能用到全球最好的产品”的汽车“新四化”应运而生。

二、汽车“新四化”根植全球化

我们可以越来越清晰地感觉到：从 1885 年第一台现代汽车问世以来，汽车产业经过一百多年的不断发展，正在全球化、科技化的滚滚浪潮中迎来新一轮颠覆性的变革：从“硬件定义汽车时代”转向“软件定义汽车时代”，从机械产品转向电子产品，传统的代步工具转向现代的智能出行终端。

这种变化也被称为汽车产业的“百年变局”，正如诸多媒体热情洋溢地谈论的那样：汽车产业从未像今天这样，成为如此多技术变革的交汇点，其辐射范围已覆盖能源、交通、通信、计算机等多个关键行业。而这个“百年变局”的动力源正是汽车“新四化”——电动化是转型根基，网联化与智能化构成协同发力的“两翼”，共享化是未来趋势。具体来说，汽车的电动化是动力系统的迭代，燃油变燃电，电池、电机、电控三电系统为汽车提供动力能量；汽车的网联化和智能化依托更成熟、高速、稳定的互联网技术、卫星导航技术、辅助驾驶技术，以及由此延伸出来的相关芯片、传感器、控制器、执行器、导航仪等，让驾驶与出行变得更智慧、更便捷、更安全；共享化是一种全新的商业模式，目前主要表现为分时租赁和网约出行，但这不是终点。基于庞大的数据系统与信息配置，未来的共享化适用于更加广泛的场景与更具想象力的空间。

许多人不知道的是，汽车“新四化”的概念是由一个中国人率先提出来的。在2015年举行的中国汽车蓝皮书论坛上，该组委会主席贾可博士在开幕式上发表的演讲中提出汽车“新四化”的概念①。

显然，这种提法根植于对全球趋势的综合把控，还包含了对国内市场的细节研判。为了更好地理解汽车“新四化”根植于全球化，则必须仔细“摊开”被誉为“全世界最美电动汽车”的特斯拉。

2003年，特斯拉由马丁·埃伯哈德（Martin Eberhard）和马克·塔彭宁（Marc Tarpenning）联合创立。公司以著名发明家、电力先驱尼古拉·特斯拉（Nikola Tesla）的名字命名。2005年，特斯拉发布首款电动跑车Roadster。2010年，特斯拉在纳斯达克上市，成为当时美国唯一一家纯电动汽车制造商。2014年，特斯拉正式进入中国市场。2018年，特斯拉与上海市政府签署合作备忘录，年产50万辆纯电动整车的特斯拉超级工厂落户上海临港地区。2024年初，特斯拉发布2023年财报：2023年特斯拉全球交付量为180.86万辆。其中，上海超级工厂交付量超过91.6万辆，占特斯拉全球交付量一半以上。

特斯拉像一条跨国而来的“鲇鱼”，凭借其高端的技术，以及电动汽车质量、安全和性能等方面的成功，受到了中国的汽车爱好者的青睐，也给国内带来了先进的电动汽车制造技术，迅速搅动了国内的造车市场，尤其是电动汽车市场。

《2024年特斯拉汽车“新四化”布局分析报告》指出，特斯拉作为全球汽车行业的重要引领者，持续推动汽车“新四化”变革，尤其在电动化和智能化方面。

---

① 中国汽车“新四化”革新：电动化与智能化的未来之路[EB/OL].[2025-05-15]. https://baijiahao.baidu.com/s?id=1832141370732708610&wfr=spider&for=pc.

三、汽车“新四化”服务全球化

在“鲇鱼效应”刺激下，中国车市成为世界上最活跃的“试验场”之一，广泛吸纳信息化、网络化、智能化、大数据、云计算以及新技术、新材料、电子电力、先进制造等领域的新发展、新势能的互联网汽车、新能源汽车、自动驾驶汽车，不断出现的各种新技术、新概念、新车型不停撩动着年轻一代消费群体的购买欲，也拉动了各个汽车生产商引入新技术、新动能、新智慧的信心与能动力。

在这个试验场上，一批名不见经传的造车新势力鱼贯而入。

这批造车新势力有一些共同特点：“互联网资本”造车、“具有互联网思维的人”造车。虽然他们以前没有造过车，但是他们却敢于重新定义一切：重新定义汽车产品、重新定义品牌建构、重新定义商业模式、重新定义服务、重新定义用户生态。

正是基于这一番重新定义，带着明显汽车“新四化”特征的更加智能、更加环保、更加安全、更加具有时代之美与年轻之美的新产品不断问世，并不断吸引消费者的目光。虽然造车新势力在刚刚登场时面临着诸多质疑，但他们通过自身的价值逐步证明了自己的实力。来自中国经济网的数据显示：以“蔚小理”（蔚来、小鹏、理想）为代表的中国新势力，仅用几年就成长为中高端电动汽车市场的主力军。2022 年上半年，造车新势力批发销量累计达到 62.3 万辆，累计同比增长 83.4%，在国内汽车整体市场中的份额占比为 5.2%，比上年同期提升 2.5 个百分点。而值得关注的是，造车新势力在新能源整体市场中的占比达到 24.0%。①

新人群或者“Z 世代”为什么追捧造车新势力？有一名网友的答案非常精彩：“我们爱的是完全以用户需求和时代需求为目标打造出行新物种的品牌，是解放思想完全抛弃旧有燃油机束缚重新定义产品和产品力的新智能玩具，是实事求是给用户直达的渠道、沟通和服务，以及直白的信息传递方式。”

---

① “新四化”大潮中的车市变局[EB/OL].[2022-08-25]. https://mp.weixin.qq.com/s?__biz=MzU5MTU4OTY0NA==&mid=2247526330&idx=1&sn=129778b0fb6355441b60e977d78c9e9e&chksm=fe2e9fd9c95916cfbba2654857db4c1989a650296ece0ac13b3a32c2e61244b82809cbd3e5f9&scene=27.

造车新势力的成功,让传统的主机厂也不甘示弱,纷纷拥抱各种新变量,跳入汽车"新四化"的大潮中。中大咨询研究院企业研究组有篇专门研究汽车"新四化"浪潮下传统车企谋变的文章,对传统主机厂与造车新势力的优劣势作了比较:业务层面上,传统车企的供应链体系更成熟且完善,比如生产制造环节,传统主机厂的产品整体硬件质量更高、驾驶质感更好、安全保障能力更强。汽车销售环节,相较于造车新势力采用的直营店模式,传统车企采用经销商模式使其承担的风险与成本会更低,但不直接接触消费者的特征同时导致其存在需求洞察能力差、客户需求搜集成本高、需求变化响应慢等缺点。组织层面上,与造车新势力的扁平化组织结构及高度数字化的运营管理相比,传统车企由于庞大且多层级的组织结构、复杂的业务流程等因素的影响,导致组织的动作不够敏捷。

即便如此,造车新势力的冲击、"双碳"目标下的政策施压、消费者需求的转变等,正让以汽车"新四化"为核心的全面变革成为传统主机厂的新抓手。于是,传统主机厂与全球产业链上的各个合作伙伴携起手来,瞄准智能化与网联化不断出击。显然,这个过程注定是要壮士断腕的,是有必然阵痛的,是充满曲折与反复的。

后知后觉的传统主机厂也曾被人笑话,比如:"新势力已经跑完一圈在换轮胎了,传统车企掉头都还没完成。"他笑由他笑吧,乘联会数据显示:2022年,蔚来、理想、小鹏的销量增速分别为34%,47%,23%,比亚迪、吉利、埃安、奇瑞、长安的新能源乘用车增速分别为208%,278%,116%,127%,178%。

第四节　风险防范与全球化

作为全球化属性最强的产业之一,汽车与其全球产业链之间是互动的、互补的、互相促进的,合全球之伙伴而共之,采全球之资源而用之。但也必然因科技竞争、贸易竞争、市场竞争等而掀起纷争,尤其是当逆全球化的乌云袭来,影响全球化的运转的时候,一荣俱荣、一损俱损的局面必然出现。

一、全球化的利好

当汽车产业全球化的链条有章、有序、有劲地平稳运转的时候，市场面的消费利好，以及技术链、供应链、资金链等链接的各类资本、企业、相关从业人员等，都能在这场盛宴中各抱其势、各尽其能、各显神通，从而分享到属于自己的那一份利好。乘联会数据显示，2023 年第一季度，中国汽车出口 106.9 万辆，同比增长 54%。能链研究院数据显示，日本同期汽车出口量为 104.7 万辆。这也意味着，中国已成为世界第一大汽车出口国。

我们还可以以全球汽车零部件为例（汽车零部件大致可以分为发动机部件、传动系部件、制动系部件、汽车改装部件、安全防盗部件等 17 种），根据贝哲斯咨询对 2021—2027 年市场发展的预测，全球汽车零部件市场规模预计在 2027 年达到 205 926.4 亿元。在预测期内，汽车零部件市场年均复合增长率将会达到 2.54%。

站在国家宏观层面来讲，“汽车产业涉及面广、产业链长、市场规模大，作为国民经济战略性、支柱性产业，汽车消费对提振内需消费、稳定工业和经济发展具有重要意义。随着汽车持续地电动化、网联化、智能化发展，汽车制造业与能源、交通、信息通信等行业或领域加速融合，汽车产业与国民经济的相互作用范围更广、层次更深”。

因此，我们国家一直努力坚持以“开放、合作、共赢”的思想推动汽车产业发展。也因为此，中国汽车产业对外开放发展合作的第一阶段是以合资与市场换技术为主要特征的。正如中国国际贸易促进委员会汽车行业分会会长、中国国际商会汽车行业商会会长王侠在“2022 中国汽车产业发展论坛”上指出的那样：“专业化分工是人类劳动生产率提升的重大进步，而国际化不仅成就了供给侧的专业化分工，也成就了消费端的全球化共享。汽车作为产品结构最复杂、产业链最长、产业要素最丰富的终端消费品，其发展注定离不开国际化，汽车产业 100 多年辉煌的历史已经证明了这一点，未来的汽车产业也将继续证明。”

是的，发展注定不会一成不变、停滞不前。用发展的眼光看正在发展的事物——面对中国“最大的汽车市场逐渐向最大的新技术革命试验场和动力源”的转变，汽车产业的全球化也必然要向全方位、全要素、全链条合作的更高阶段转变:合作重点要从产品向产业链的上下游延伸,让全产业链更加贴近市场端和制造端,合作方式也要更加灵活多元。跨国车企的中国战略也要从“在中国、服务中国”向“立足中国、服务全球”转变。

许多跨国车企已经动了起来。比如奔驰,“宏观经济及全球局势诚然无法掌控,但 2022 财年很好地证明了我们正在朝正确的方向稳步迈进”,梅赛德斯-奔驰的首席执行官康林松(Ola Källenius)表示,“中国依然是我们最大的市场,也是最重要的市场。在 2023 年,中国有望出台更多推动经济复苏的政策,我们将推出富有吸引力的车型阵容和持续深入的本土化布局,抓住这些在中国市场进一步发展的机遇。”无独有偶,车瞳 2023 年初的分析认为,丰田汽车虽然受到供应链问题影响,却凭借全球市场多点开花稳定保持了年产销 1 000 万辆以上的输出,连续三年位居全球第一。究其原因,正得益于“全球化研发+生产”机制的不断强化,让其能与当地的设计团队紧密合作,以最快的速度设计并生产符合当地生活习惯和消费习惯的汽车。

所以,维护这一份全球化的利好,需要汽车全产业链上国际国内的参与者共同努力。我国工业和信息化部多次呼吁:维护产业链供应链安全稳定是各国的共同责任。产业界亟须加强国际化创新、全球化发展的共识,支持各国企业加强分工协作和高效协同,推动产业链上下游贯通,促进资源要素和基础设施互联互通、高效运行,提升全球产业链供应链的治理效能。

二、全球化的风险

对于全球化的利好,我们可以打一个比方:在这间国际化的巨型超市里,我们能从丰富、多元、活跃的全球化生产与供给中,按照更高、更美、更宜价的标准,比选采购,为己所用,而不必要求每件产品我都懂技术、我都能生产。会用就行!风险也恰恰埋在这里,一旦全球化的市场环境发生变化,断供、断链、断贸易,怎么办?

当我们已经将习惯视为当然,逐渐依赖全球化的生产、供应、采购、组装并创新创造的时候,逆全球化来了!

逆全球化给全球汽车产业链供应链带来了重大挑战。正如格隆汇的专栏文章所言:“汽车产业链庞大而复杂,高度依赖全球化的市场需求和技术融合,因此贸易摩擦和地缘冲突等冲击,都会导致全球汽车产业链出现供应短

缺，短期车企停工停产。”在这个过程中，全球范围内的汽车及零部件企业都在经历严峻考验——来自电子工程世界的数据显示：由于供应链短缺，汽车制造商在 2021 年损失了近 3 000 亿美元的收入，而自疫情开始以来的损失超过 5 000 亿美元。全球 70%的主要汽车制造商曾在 2021 年宣布暂停生产线，其中 45%的制造商特别提到了供应链问题。半导体库存水平在两年内下降了 43%，跌至 10 多年来的最低点①。2022 年 4 月，戴姆勒-奔驰股份有限公司公开表示，由于汽车芯片短缺，其位于巴西的两家工厂将暂停生产，两家工厂的 5 600 余名员工被迫集体休假。实际上，当年 2 月，奔驰就曾因缺芯问题暂停了德国 E 级车型订单。此前的 1 月，梅赛德斯-奔驰 G 级越野车型同样暂停接受订单，新车交付日期也被延长至 2024 年第四季度。2022 年 4 月，丰田汽车向主要供应商宣布 2022 年 5 月全球产量将下调至 70 万辆。其中，丰田汽车日本本土产量将下跌至 20 万辆，海外市场产量将下跌至 50 万辆左右。

汽车预测解决方案（AutoForecast Solutions，AFS）公司的数据显示，由于汽车芯片短缺，2021 年全球累计减产约 1 020 万辆汽车，其中，中国市场约减产 198 万辆汽车，占全球总减产量的 19%左右；2022 年全球减产约 450 万辆汽车。

在这组生硬的数据背后，是一些令人痛心的国产车企案例。2021 年 3 月 26 日，《新京报》记者从蔚来汽车获悉，由于芯片短缺，蔚来汽车宣布从 3 月 29 日起暂停合肥江淮蔚来制造厂的汽车生产活动 5 个工作日。据 New 经济微观察不完全统计，从 2021 年初至 2022 年 12 月底，理想汽车共发生五次推迟、减少或是减配交付的情况。其中，因“缺芯”问题发生的相关情况为两次，分别为 2021 年 9 月因“缺芯”问题造成的减产和 10 月因“缺芯”问题被迫减配交付。在 2024 年粤港澳车展上，小鹏汽车董事长何小鹏再次谈及汽车“缺芯”这一话题。他透露，在微博上以“可达鸭”为喻，公开表达对芯片的迫切需求后，有机构联系小鹏汽车表示可以提供帮助，目前双方正在沟通中。但也有一些人趁机抬高芯片报价，成本仅几元的产品，对方开价几千元，价格被炒高了数百倍，这也给企业带来了额外的成本压力。

---

① 供应链危机导致全球汽车制造商损失超 5 000 亿美元[EB/OL]. [2022 - 05 - 28]. https://baijiahao.baidu.com/s?id=1734080151943198036&wfr=spider&for=pc.

由于逆全球化的原因，当然也有智能汽车蓬勃发展、半导体产能周期滞后的原因，中国汽车“缺芯”的短板因为供应断链而暴露出来。车规级芯片、操作系统的自主可控程度不高，尤其是车规级芯片自给率小于5%，且多以低端产品为主。因为各种欠缺，必然引发业界常常讲的低端“卡产量”、中端“卡产能”、高端“卡迭代”的问题。对此，《汽车人》杂志发表了一段发人深省的评论：全球化固然提高了资源配置效率，但价值链条愈长、环节愈多，面对风险就呈现出更多的不确定性。汽车供应链全球化、整车产能部署的全球化大行其道，在自然灾难引发的“次生灾难”面前，显得尤为脆弱。

三、全球化的未来

面对全球化或者逆全球化的两个现实：一个是国际竞争日益激烈，欧美日等国家通过提高补贴力度、加大研发支持以及设置贸易壁垒等手段，加快布局关键核心技术并扶持本土供应链，力图抢占未来竞争主导权；另一个是我国车规级芯片、操作系统、新型电子电气架构、高性能传感器等智能化网联化关键技术领域尚未形成优势，产业生态体系仍不完善，部分领域与国外领先水平差距明显。

前路漫漫、压力重重、竞争激烈，何去何从？

2022年3月，吉利控股集团董事长李书福发表了题为“坚定不移拥抱世界”的内部分享，从国际形势、人才培养、全球化与供应链和企业管理等方面分享了自己的观点。李书福表示，世界已经展开了一轮充满挑战的国际秩序重塑、发展权、主导权再平衡的新的历史进程。从理论上讲，全球化是解决人类自我冲突、实现世界和平与发展、提高资源利用效率最有效的解决方案。李书福提出，中华民族伟大复兴离不开与其他民族友好合作，沟通互鉴。我们一定要继续保持谦虚和低调，既要认清世界，也要有足够的自我认知，竭尽全力向世界上的先进文明学习。围绕全球化、供应链安全，李书福表示，如何实现跨文化、跨体系经营，如何在逆全球化时代推进全球化企业的发展，是一个很大的技术难题。他以汽车产业为例提出，汽车产业一定是全球化的产业，否则很难在科技上取得领先地位。他还表示，汽车产品产业链很长，难以由一个国家独立完成汽车全产业链的发展。逆全球化趋势之下，企业只能尽快调整商业计划。在全球合规的前提下，既要做好以国内大循环为主体，又要做好国内国际双循环相互促进，尤其在供应链安全方面必须提出可行的方案。

长城汽车董事长魏建军也表示，对于汽车产业来说，国际化是不可逆的。长城汽车在很坚定地走“打赢中国、走向海外”的道路，国内外市场并行规划布局。作为第一批走出国门的中国汽车企业之一，目前长城汽车的足迹已经遍及俄罗斯、澳大利亚等国以及拉丁美洲、南亚、中东及非洲地区，在全球 60 多个国家建立了营销网络。

与企业界的意见相呼应，2022 年 8 月，工业和信息化部副部长辛国斌在世界新能源大会上指出：工信部将进一步支持协同创新，鼓励汽车加大研发投入，加强资本技术对接，加快产业创新应用，聚焦新一代电子电气架构、车用操作系统、高精度传感器、燃料电池关键材料等前沿领域，支持组建“产学研用”协同创新联合体。辛国斌表示，新型产业的发展离不开市场化、法治化、国际化的营商环境。工信部将加快改革步伐，打造公平竞争的市场环境，用市场化的办法促进整车企业优胜劣汰和配套产业发展；落实车购税、车船税、消费税、路权税等方面的支持政策，支持加快充电桩建设，保持政策的连续性、稳定性。同时，工信部将持续落实汽车行业开放措施，鼓励并支持各国企业研究机构、行业组织在贸易投资、技术研发、标准制定等领域的深化交流合作，推动实现共赢发展①。

为了向全世界表明中国对外开放的国策不会改变的坚定态度，2022 年，我们还“彻底取消了汽车行业外资股比和合资企业数量限制，中国汽车行业对外资实现了全面开放，外国公司在中国的发展有了更多的选择”。

2022 年底，中央经济工作会议提出“产业政策要发展和安全并举。优化产业政策实施方式，狠抓传统产业改造升级和战略性新兴产业培育壮大，着力补强产业链薄弱环节”。目前，中国汽车产业变革正在由“电动化”上半场转向“智能化”下半场，智能网联汽车作为汽车产业和人工智能、互联网、卫星通信等战略性新兴领域深度融合的产物，正逐步成为汽车产业变革与竞争的

---

① 工信部副部长辛国斌：汽车产业是全球化产业　维护供应链安全稳定是各国共同责任[EB/OL]. [2022 - 08 - 27]. https://baijiahao.baidu.com/s?id=174229916300-3793349&wfr=spider&for=pc.

核心领域。

着眼于汽车产业链上这么多的科技场域，我们既要做好国内大循环主体的文章，又要做好国内国际双循环相互促进的文章。因为这里潜伏着一幅极富想象力的新图景——汽车行业正在成为继智能手机之后的又一个技术快速迭代的智慧场景。正如中金公司研究部汽车及出行设备行业首席分析师邓学的展望："长期来看，颠覆式创新正在改变产业的技术基础和市场格局。电动智能技术革命跨越了传统'发动机＋变速箱'技术鸿沟，重新定位汽车为移动智能终端。德日美韩等汽车强国主导的产业格局正在成为历史，这为中国汽车产业带来了弯道超车的机遇。"

"弯道超车"是一个美好的愿景。然而，美好愿景之下的创新能力建设，却并非简单的拿来主义、买来主义、短期主义所能解决的，而必将是一场持久战、一场竞合战、一场成长战。在别人对我们进行封锁而我们尚未打破蛋壳之前，我们一定要努力自己啄破蛋壳，才能起死回生、化危为机。

第二章

全球化汽车品牌的三大特征

全球化的汽车品牌一般具有三大显著特征：产业链条全球化、资源利用全球化、市场与服务全球化。在汽车品牌全球化发展过程中，必然伴随产销、服务、并购等一系列竞争与合作。这里面当然少不了各种斗智斗勇的奇妙篇章，却最终汇入同一条河流，朝着更加开放、包容、普惠、平衡、共赢的方向发展。

第一节　产业链条全球化

全球化的产业竞争，关键是技术的竞争。

在关键技术上，全球化的汽车品牌既是引领型的企业，又是学习型的企业，还是追赶型的企业。具备这三种企业性格，即便目前尚未全球化或旗帜化，未来也必可期；失去这些企业性格，即便因为一时一事之得而风光无限，前途也充满变量。

一、全球化的竞技

汽车品牌的全球化，就是以技术为取胜之道，在全球范围内展示与销售，并收获全球消费者的青睐与购买的过程。这条产品扩张之路，本质即为技术远征与技术竞争。

翻开施毅的《全球汽车百年发展历程》，一幅画卷展现在我们面前：1885年，卡尔・本茨制造出单气缸二冲程三轮汽车成功，次年获得专利。1887年，世界上第一辆现代汽车被销售。现代汽车制造产业由此拉开序幕。19世纪诞生了7个汽车品牌：奔驰、标致、斯柯达、欧宝、雷诺、世爵、菲亚特。转到20世纪上半叶，福特、通用、林肯等多家汽车公司相继成立，福特首创的流水线使得汽车生产制造进入一个新时期，产量及生产速度获得极大的提高。1950年，美国产量占全球汽车产量约76%。进入第二次世界大战后增长时期，汽车行业出现了两大巨头：日本和德国。20世纪80年代，美日德法生产了大约68%的机动车。到1990年，日本和德国的市场份额分别约占全球汽车产量的28%和10%。2008年的金融危机对全球汽车生产产生了重大影响，美国、日本和德国的汽车产量大幅下降。2005年至2021年，众多购买第一辆汽车的中国消费者是全球汽车产量增长的最重要驱动力，占新增汽车产量的26.3%。中国的汽车制造业经历了惊人的增长，于2009年成为世界上最大的汽车生产国，在2021年达到全球产量的33%。在这个过程中，我们可以看到，无论是首创流水线，大力降低生产成本的福特；还是开发各个价格的不同产品，确保竞争的全面性的通用；甚至是“纯电动＋智能化”异军突起，在短短数十年间一跃成

为市值最高汽车公司的特斯拉，都是以技术作为全球化的开路先锋的。

以通用汽车（自威廉·杜兰特1908年创建以来，通用汽车在全球生产和销售包括别克、雪佛兰、凯迪拉克、GMC及霍顿等一系列品牌车型并提供服务）为例，相关资料显示：其美国总部的研究中心设在密歇根州的沃伦市，有来自世界各地的650名研究人员，这让研究中心看起来像是一个小型联合国。研究人员多样化的文化教育背景以及不同的经验，有助于通用汽车开发的产品满足其全球各地的顾客需求。除了密歇根州之外，通用汽车还有相似的技术中心设在澳大利亚、印度和中国，也在北美、欧洲、拉丁美洲、非洲和西亚等地建有工程中心，并与许多国家的大学开展合作项目。对于这些工作的功能与意义，通用汽车科学实验室研究与开发执行主任艾伦·陶布（AlanTaub）指出，全球网络扩大了我们的技术能力，我们能够创造性地并且迅速地做出反应，确保在重要的技术方面处于领先地位。

作为“丰田汽车全球化的主要推动者”，丰田汽车名誉会长丰田章一郎于2023年2月逝世。《新京报》曾刊发文章指出：在丰田章一郎执掌丰田汽车的时间里，其主导推出了豪华品牌雷克萨斯，也曾主导丰田汽车进军北美制造业，其还是丰田汽车进入中国市场的主要推动者。当然，“在全球电动化转型的当下，丰田汽车被质疑电动化步伐缓慢”。是的，汽车不再以传统的工业产品的形态出现，逐渐融入了互联网、科技等新元素。对此，丰田汽车（中国）投资公司负责人在2023年接受中新财经专访时说：“我们将以更加开放的姿态，相互学习，力求能为消费者提供更多的选择。”

值得一提的是，在这个风潮中，宝马也闻风而动。2022年，宝马明显在电气化、智能化上加快了“i”品牌的落地和产品推进速度。每每说到这里，许多媒体总是要怀旧一番——早在50年前，宝马就在慕尼黑奥运会上展出了首款电动车型Elektro-Antrieb。近年来，宝马仅仅用于第五代eDrive电力驱动系统的电芯采购预算，就已经从120亿欧元提升至超过200亿欧元。另一方面，BMW iFACTORY的全新生产理念也将为宝马在应对全球化布局中提供崭新的解决方案。2022年，伴随着宝马i品牌体验店的落地，BMW领创绿星计划的实施等，“宝马大胆‘i’#为用户加速‘i’擎”的技术升级正在逐步落地。

汽车产业发展至今，已经涌现出360多家的各类品牌。而基于技术与产品的竞技，使得只有少数品牌成为全球化的胜利者。来自“手机中国”

（CNMO）的消息显示，2022年，全球汽车集团销量排名前10强者依次为：丰田、大众、现代、雷诺/日产联盟、通用、斯泰兰蒂斯、本田、福特、铃木、宝马。

二、全链条的共振

美国气象学家爱德华·洛伦兹在1963年提交给纽约科学院的一篇论文中说："如果这个理论被证明正确，一只海鸥扇动翅膀足以永远改变天气变化。"在以后的演讲中，他用了更有诗意的蝴蝶："南美洲亚马逊河流域热带雨林中的一只蝴蝶偶尔扇动几下翅膀，可以在两周以后引起美国得克萨斯州的一场龙卷风。"这就是著名的"蝴蝶效应"的源起。

在各大汽车品牌全球化的过程中，以各种新技术为核心的、牵一发而动全身的车界"蝴蝶效应"正在凸显。

以当前最火热的芯片为例——汽车芯片也被称为车规级芯片，广泛存在于汽车的所有部位。其功能可大致分为五类：第一类负责算力，主要是处理器、控制器，例如自动驾驶、辅助驾驶、中控、发动机、车身、底盘控制；第二类负责功率转换；第三类负责传感器，主要用于各种胎压、雷达、气囊检测；第四类负责通信，主要用于以太网、蓝牙、Wi-Fi、蜂窝通信；第五类负责存储，包括动态存储、静态存储、闪存，搭载在座舱主机、数字仪表上。来自懂车帝网站的分析数据显示，一辆普通燃油汽车所需的芯片数量为600～700颗。一辆电动汽车所需的汽车芯片数量达到了1 600颗，种类达到了40多种；高端车型需要3 000多颗芯片，芯片种类超过了150种。

与手机芯片相比，汽车芯片的要求更高，因为汽车的使用寿命更长、使用环境更复杂，并且需要足够的安全保障。一般汽车使用时间在十年以上，而手机则为三五年，所以车规级芯片的使用寿命要比手机芯片长得多。汽车的工作温度也更加复杂，例如冬季的东北温度可达到－40 ℃，而汽车在暴晒、剧烈工作后局部温度可达到150 ℃，这需要芯片承受－40～150℃的温度。也正因为如此，国家工业和信息化部原部长苗圩在2023年2月召开的中国电动汽车百人会论坛专家媒体交流会上指出："一辆新能源汽车使用的芯片数量，是一部手机的10倍以上。新能源汽车平均每辆车大概要使用1 500颗芯片，上升到自动驾驶这个阶段，单车需要3 000颗以上的芯片，远远大于消费电子产品的芯片使用量。"

这么多的芯片，其产业链也格外绵长。汽车芯片产业链上游主要为硅片、高纯化学试剂、特种气体、光刻胶、封装基板、引线框架等原材料及光刻机、刻蚀机、晶圆划片机等相关设备；中游包括芯片设计、制造、封装及测试环节；下游应用于车联网、辅助驾驶、中控仪表、雷达等车载系统、仪器及整车制造环节。也因为这个小芯片牵动着全球化的技术链，一旦缺芯、一旦断供，必然为整个汽车产业链带来巨大的震荡。

这种因贸易竞争、逆全球化以及纯电化、智能化汽车产业高速发展导致芯片供不应求等多种原因，延伸出来的“芯荒”已经让众多汽车制造企业“谈芯色变”。汽车行业数据预测公司 AFS 的数据显示，截至 2023 年 10 月，由于芯片短缺，当年全球汽车市场累计减产约 353.71 万辆汽车。这条供应链的震荡也波及产业链的上下游。

总而言之，可以预见：在未来，伴随着汽车品牌全球化的各种角力，以新技术、新运算、新智慧为代表的生产力的竞争，将会在汽车产业全链条上引发更多的“蝴蝶效应”。

三、全速度的迭代

着眼产业速度，先摆出几条数据：

国际汽车制造商协会（OICA）的数据显示，2021 年，全球汽车主要产自中国、美国、日本，分别占 32.54%，11.44%，9.79%，占全球汽车生产份额 50%以上。印度占 5.5%，居第四位；韩国占 4.3%，居第五位。欧洲多国共占 20.38%，主要来自德国、西班牙、俄罗斯、法国、土耳其、捷克、斯洛伐克及英国。

来自 Canalys 的研究报告显示：中国是目前最大的新能源汽车市场，2022 年 59%的新能源汽车销量来自中国，共计 590 万辆，这占中国所有轻型汽车销量的 29%，比 2021 年上升 15%。欧洲是全球第二大新能源汽车市场，所占市场份额为 26%，共计销售 260 万辆。相比之下，美国仍落于下风，仅占全球销量的 9%，但却表现出积极的增长迹象，2022 年美国新能源汽车销量为 92 万辆，同比增长 72%。

2023 年 1 月，特斯拉公布的年度产销数据显示：2022 年，其全年产量为 1 369 611 辆，同比增长 47%；全年交付量为 1 313 851 辆，同比增长 40%，产销双破百万辆大关，蝉联全球纯电动汽车销量冠军。获得 2022 年全球销量亚军的比亚迪的销量创历史新高，2022 年新能源乘用车累计销量达 1 862 428 辆，同比增长 155.1%。其中，纯电动乘用车累计销量 911 140 辆。

《人民日报》2022 年 12 月 1 日消息显示，咨询机构麦肯锡称："过去 10 年，新能源汽车行业吸引了超过 4 000 亿美元的投资。所有这些资金都瞄准与电动交通、互联网汽车和自动驾驶技术相关的公司和初创企业。"路透社预计，全球主要汽车制造商对电动汽车的投资到 2030 年将达 1.2 万亿美元。

来自中国汽车工业协会 2023 年 1 月的数据，我国新能源汽车近年来高速发展，连续 8 年位居全球第一。在政策和市场的双重作用下，2022 年新能源汽车持续爆发式增长，产销分别完成 705.8 万辆和 688.7 万辆，同比分别增长 96.9%和 93.4%，市场占有率达到 25.6%，高于上年 12.1 个百分点，2022 年受疫情影响较大的 4 月份同比增速仍超四成，随后也快速恢复至高位。

从上述 5 条数据中，我们可以看到几条清晰的发展脉络：①以电动化、智能化为引领，世界汽车产业正在加速进化，百年未有之大变局正拉开序幕；②中国正在成为全球汽车产业电动化转型的引导力量；③美国新能源汽车市场正在跃升；④以美国、中国两个国家为代表，以特斯拉、比亚迪两大汽车品牌为代表，引领全球新一轮汽车革命的两大标杆正在形成；⑤各大全球化的汽车品牌开始大力布局新能源或纯电动汽车市场。如《期货日报》2023 年 3 月 7 日报道："在消费者对新能源汽车认可度和接受度逐渐提升之际，除了特斯拉、比亚迪等电动汽车龙头企业和'蔚小理'等造车新势力外，相对而言后知后觉的燃油汽车巨头们也开始加大力度布局电动汽车市场。在海外市场，大众汽车推出了 ID 系列，而福特则推出了电马。国内，巨头们除了在现有品牌中推出电动汽车产品外，还纷纷通过设立全新品牌向中高端发展。比如上汽集团有飞凡、智己两大品牌，吉利旗下有极氪、银河等品牌。"尽管市场也表现出疑虑，比如中信建投期货有色金属高级分析师张维鑫认为"传统燃油车的新能源产品并未表现出足够优势"，但传统主机厂的纷纷转型表明，一波新浪潮正在酝酿中。

是得先机者得天下，还是后来者仍有机会居其上？

回首第一次工业革命带来蒸汽时代、第二次工业革命带来电气时代、第三次工业革命带来信息时代，中国的角色都是后来者或追随者。现在，新一轮的科技革命和产业革命之下，汽车的动力性、智能性、舒适性、经济性等正

在加速迭代，正由人工操控的机械产品加速转向智能化系统控制的智能产品。在这个全速度、全场景、全智慧的新时代，抓住新科技革命的机遇期，以全球最大汽车市场为战略腹地的中国，正“成为全球汽车产业电动化转型的重要引导力量”。未来，应重点支持龙头企业发挥引领作用，加快新体系电池、汽车芯片、车用操作系统等技术攻关和产业化应用；进一步提升公务用车、出租车、邮政快递、环卫车等领域车辆的电动化水平；加快国内资源的开发，稳定国际合作供应，做好关键原材料的保供稳价；等等。引领风流，大有可为！

第二节　资源利用全球化

作为所有工业部门中产业链最长、资源利用最广、带动效应最大的产业，汽车制造业全球化布局市场，既有利于资源和生产要素在全球范围内的合理配置，又有利于资本和产品在全球范围内流动，还有利于新科技、新智能在全球范围内扩张，亦有利于带动与促进不发达或欠发达地区经济的发展。

一、研发全球化

研发与创新直接关系着品牌汽车企业的竞争力、领导力、未来力，而瞄准全球资源开展科技研发和技术创新，则可以通过整合全世界范围的智慧和标准，建立与潮流、市场、风土人情接轨的全球化研发体系，为全球化的制造与智造奠定坚实的基础。

作为全球豪华汽车品牌的奥迪，2019 年提出“S·T·E·P 步进未来”战略向电气化转型：即以体系支撑为开端，技术储备为基石，聚焦用户，推出产品。其核心是在研发制造层面，奥迪将形成全球化研发协同，实现三电技术、电子电器架构、软件生态与全球接轨。又比如梅赛德斯-奔驰，为适应更加多元化的审美需求，先后在德国、中国、美国、意大利建立了 5 大先锋设计中心。“以客户为本，为满足跨文化间多种多样的客户需求，奔驰在设计中一直致力于将当地的文化背景融合到奔驰的全球车型中，让奔驰更加接地气”。再比如 2023 年 1 月，“本田宣布成立纯电动研发中心”，包括扩大移动产品和服务的范围，加速发展电气化业务。同时将原来的 6 个全球大区整合为 3 个，分别为北美、中国和其他区域。实际上，本田非常重视全球研发，尤其值得一提的是，本田还聘请了人工智能研究第一人、斯坦福大学计算机科学荣誉教授爱德华·费根鲍姆(Edward Feigenbaum)博士作为顾问加入研发中心，提升自身软件技术，以推动汽车行业的智能发展。

近年来，国内汽车企业也很注重全球研发。例如上汽集团在泰国、印尼和印度建立了三个海外整车制造基地，以及一个位于巴基斯坦的散件组装(KD)工厂。此外，集团还在美国硅谷、以色列特拉维夫和英国伦敦设立了三个创新研发中心；在欧洲、南美、中东、北非、大洋洲和东南亚等地设立了多个区域营销服务中心，建成近 810 个海外营销服务网点，已经形成泰国、英国、欧盟等 9 个规模级海外市场。又比如奇瑞汽车，在欧洲、北美、中东以及巴西建立了全球研发基地，拥有 10 个海外工厂、1 500 余家经销商和服务网点，覆盖“一带一路”沿线 70%以上的国家和地区，海外总产能达到每年 20 万辆。奇瑞的出海并非只是产品与技术输出，而是整个汽车产业链上下游的全面输出，其中更有管理方式、制造工艺、技术标准的全面输出。《经济参考报》指出，奇瑞出海靠的是技术。多年来，奇瑞在动力总成、三电技术和智能化等领域不断深耕，并常年在包括巴西、沙特、俄罗斯等全球多个国家开展整车试验，这些都成为其海外销量持续提升的关键。再比如长城汽车在全球已经形成 13 大国内全工艺整车生产基地、4 大海外全工艺生产基地和 5 大海外散件组装工厂。随着这些生产基地的逐步建成，长城汽车的全球化战略将持续提速，而出身山城重庆的长安汽车以开放姿态拥抱世界，先后在意大利、日本、英国、美国等地建立海外研发中心，同时深耕国内市场，在上海、北京等地设立研究院，通过整合全球资源，长安汽车构筑起纵贯欧、亚、美三大洲的立体式研发网络的全球研发体系。

如此众多的国际国内知名汽车品牌重视全球化研发，让人想起丰田汽车在 1992 年提出的“丰田基本理念”之一，即在各个领域不断开发和研究最尖端的科学技术，提供能满足全球顾客需求且充满魅力的产品和服务。

这种全球化协同发展的智慧，在众多科技巨头身上同样得到印证。以苹果公司为例，其成功依托于顶尖团体负责研发和设计，中国台湾、日本的厂商供应精密部件，还有世界各地的技术人才为他们做软件。

二、零部件全球化

汽车零部件是“除汽车机架以外的所有零件和部件，其中零件指不能拆分的单个组件，部件指实现某个动作或功能的零件组合”。一辆汽车到底由多少个零部件组成？

来自AI汽车制造业的数据，一般轿车由1万多个不可拆解的独立零部件组装而成。结构极其复杂的特制汽车，如F1赛车等，其独立零部件的数量可达到2万个之多。来自车险通的数据显示：一般汽车由2万多个零部件组装而成，结构极其复杂的汽车，其独立零部件的数量可达到3万个之多。

不管这些零部件是怎样细分的、数据是怎样统计的，有一点却是共识：如此众多的零部件涉及不同领域数百家上下游企业。也可以说，在全球化成果全球共享的过程中，汽车产业的分工与协作也日益在全世界范围内精细化、区分化、群落化。

《美国汽车新闻》发布了2022年全球汽车零部件供应商百强榜，上榜的100家企业分别来自14个国家，其中日系企业数量排在第1名，共有22家企业上榜；美系企业共21家上榜，排名第2；德系企业数量排名第3，共有18家上榜。除日美德三个国家之外，中国和韩国各有10家企业上榜；加拿大、法国、西班牙、英国分别有5家、4家、3家、2家企业上榜，而瑞士、印度、瑞典、墨西哥、巴西则各有1家企业入围。有分析认为：近年上榜的中国企业从2012年的1家，到2019年和2020年各有7家，再到2022年共有10家（分别为延锋、北京海纳川、中信戴卡、德昌电机、五菱工业、诺博汽车系统、敏实集团、安徽中鼎密封件、宁波拓普、德赛西威）。这表明，中国零部件制造企业正在逐年跃进，并已挤进世界第二梯队。

同样是针对汽车零部件企业，在《中国汽车报》发布的2022年全球汽车零部件企业百强榜中，世界各地的上榜企业略有变化：从国家分布来看，日本虽以22家继续领跑，但比去年减少1家。美国以21家企业位列其后，中国有10家企业入围。亚洲其他国家有7家（韩国6家、印度1家），欧洲有37家（德国17家，法国5家，英国、意大利、西班牙各3家，荷兰、卢森堡、瑞士、瑞典、奥地利、爱尔兰各1家），美洲其他国家数量没有发生变化（加拿大2家，墨西哥1家）。有分析认为：中美汽车零部件企业营收增长，得益于新能源汽车渗透率提升催生的动力电池等零部件需求的增长。

汽车零部件生产制造是汽车工业的基础，回顾20世纪90年代以来，为有效降低生产成本，开拓新兴市场，发达国家汽车零部件企业积极向中国、印度、巴西等国家大规模转移生产制造相关环节，但是保留研发、设计、采购等环节。所以，当前全球汽车零部件产业仍由美国、德国、日本等传统汽车工业强国主导。

大家知道，汽车生产是大协同、大制造、大集成的长产业链。面对全球范围内的汽车零部件生产分布，对于国内汽车生产制造企业而言，如何建立高效协同、关键时候不掉链子、比较优势明显的供应链体系，无疑是保障未来竞争的重要支撑。正因为此，全球化与本土化双轮驱动的优势凸显出来。

三、产业配套的全球化与本土化

经济全球化进程如同江河奔流入海，虽偶有暗礁阻碍、逆流冲击，却始终奔涌向前。在时代浪潮的推动下，即便面临局部波动与挑战，经济全球化的趋势依然势不可挡，这股浪潮深刻重塑着世界经济格局，也为各行业的发展带来机遇与考验。

对汽车行业而言：企业之间的竞争，本质上是体系力、配置力与供应链之间的竞争。针对当前国际供应链出现的零部件、芯片等的断供风险，乘联会等相关机构提出未来发展的两点能力建设：国际核心供应资源的储备能力、本土化供应链的辅助能力。

可以说：越要走向全球化，越要注重本土化。

实际上，中央政府早就注意并推出了相关政策。比如，2018年，在《国务院关税税则委员会关于降低汽车整车及零部件进口关税的公告》中，提出自2018年7月1日起，降低汽车整车及零部件进口关税。加快推进新能源汽车及零部件的研发技术以及回收利用技术。2020年出台《国务院办公厅关于印发新能源汽车产业发展规划（2021—2035年）的通知》，引导汽车、能源、交通、通信等跨领域合作，建立面向未来出行的新能源汽车与智慧能源、智能交通融合创新平台，联合攻关基础交叉关键技术，提升新能源汽车及关联产业融合创新能力。地方政府纷纷响应，2022年，在《上海市资源节约和循环经济发展“十四五”规划》中，提出要扩大汽车零部件、机电产品等领域再制造规模，

开展核心技术研发和产业化示范。在《上海市关于高质量落实〈区域全面经济伙伴关系协定〉(RCEP)的若干措施》中，提出要扩大集成电路、汽车零部件等领域的进口，与本市产业发展形成良性互补，进一步推动汽车零部件的再制造技术。在《广州市战略性新兴产业发展"十四五"规划》中，提出要重点发展汽车零部件、机床、造船等再制造技术和产业，推动汽车零部件行业的发展。天津市提出要重点发展人工智能、汽车零部件等领域，开展新能源汽车电池、汽车零部件的研究以及测试评价，推动汽车产业转型。

实际上，这些年来，合资车的生产与国产化率、本土化率相关政策的制定，已经为中国汽车零部件生产奠定了一定的基础。根据《汽车人杂志》的研究，从北京吉普汽车有限公司挂牌成立至今，中国汽车工业的合资之路已经走过了 40 余年。对于进入中国的合资企业，本土化是一道不可回避的门槛，其外延也随着时代的脚步而被赋予新的含义。在建成投产初期，合资车企面对的本土化是零部件国产化率 40%的硬指标；2008 年后，合资车企面对的本土化则是本地消费需求驱动研发与本地技术研发力量培育的螺旋式上升。如今，零部件国产化已经不再是关键指标。像凯美瑞、雅阁、帕萨特、君越等车型，国产零部件的采购比例超过 90%甚至更高。本地研发力量已经成为满足本地用户需求，深耕本土市场的必备要素。上海大众、上汽通用、一汽大众均因受益于本土研发，成为实现跨越式发展的佼佼者。红星资本局消息也显示，特斯拉上海工厂本土化零部件采购比例已超九成。

与此趋势相伴随的，是跨国零部件企业的新本土化趋势。来自《中国汽车报》的相关数据显示，以全球最大汽车零部件厂商博世集团为例，2020 年，其在中国的营收首次超过德国……佛吉亚 2021 年上半年新获取订单额为 120 亿欧元，中国区贡献了 25%，其中有 67%来自中国本土整车厂商……正是因为看到了中国市场的无限潜力，越来越多的跨国零部件厂商开始不断升级本土化，将生产、采购、研发、管理等中心逐渐向中国倾斜。这也更加符合现代生产的灵活性、机动性、时效性，正如《经济观察报》一针见血指出的那样："海外零部件进口运输需要 8～12 周的时间，意味着主机厂往往需要提前 3 个月订货、发货，这大幅度降低了供应链的灵活性。"当然，博世、佛吉亚等引领的"新本土化"也必然带动与激励中国本土汽车零部件企业的发展。

这是有数据与实证支撑的：在蔚来，李斌说，蔚来汽车的零部件有超过

70%都是来自全球品牌的供应链合作伙伴，但是超过90%已经实现在中国本土化的生产。在东风，汽油机专业总工程师张社民认为，“本土零部件企业在机械零部件方面的技术实力已经比较成熟了，有能力与外资零部件企业同台竞技，实现国产替代。”在吉利，吉利汽车动力总成研究院雷神混动系统总工程师刘国庆指出，“吉利汽车在第三代发动机、第四代发动机的开发中已经明确要求，要给国内零部件供应商更多机会，加大培养国内零部件企业，实现全产业链的安全可控。”

当然，最令人羡慕的还数比亚迪。产品业务大致相当于“特斯拉＋宁德时代＋英飞凌＋富士康＋宇通＋隆基绿能”的比亚迪，在2022年让国内车企都很羡慕。尤其是其供应链体系——正如盖世汽车所言：“当大部分新能源企业产品交付饱受芯片短缺、电池涨价等困扰时……比亚迪在强大的供应链垂直整合能力支持下，有效规避了类似风险。”所以有评论指出，供应链是比亚迪能开创“比亚迪速度”(2022年全年销量突破180万辆，同比增长1.5倍)的根基。

期待未来国内各大汽车品牌能瞄准汽车零部件、智能装备、关键芯片等的研发，在全球化与本土化的互动之中持续推进“建链、强链、补链”，形成各具特色的稳定供应链。

第三节　市场与服务全球化

在汽车品牌全球化发展过程中，必然伴随生产、销售，以及售后服务的全球化。其间，为了优化配置各种资源，实现更便捷、更快速、更灵敏的市场反应，又会出现合资、合作、并购等多种全球化动作。这既是一个发现需求的过程，也是一个满足需求的过程。

一、产销全球化

汽车这种有轮子的交通工具性质的产品，从其被创意、设计与制造出来的那一刻起，就注定了其必将走向并服务全球的使命。当然，全球汽车工业虽然始于德国，但奔驰“与生俱来的贵族色彩”，以及生产力的限制，使得当时

的汽车既没能大众化，也没能全球化。真正让汽车走向大众化、平民化的是美国人亨利·福特。

作为全球汽车的普及者，福特汽车的创始人亨利·福特显然是一个天才般的人物。虽然只有2.8万美元的启动资金和一家原先制造马车的工厂，他却奇思妙想地设计出移动式流水线生产序列，利用高效率、高工资和低售价的结合，对当时美国汽车工业进行了一场颠覆式创新，并在1908年推出福特T型车，将一辆新车的售价从原先的850美元降至260美元，更建立了授权经销商体系，让福特汽车在1913年一举夺得美国50%的市场份额。这种以市场为导向，以分工和专业化为基础，以较低价格作为竞争手段的刚性生产模式也被称为"福特制"。相关数据显示，从1908年到1927年，福特共生产了1 500多万辆T型车，美国自此成为车轮上的国度。

据说，亨利·福特对高效率与低成本的追求近乎偏执。从一个细节可见一斑，他要求绝大部分T型车漆成黑色，理由是干燥得快，可让汽车落地后第一时间就能卖得出去。"这中间也潜藏了一个问题，虽然具备效率成本优势，但忽视了消费者的个性化需求。

所谓问题，既是缺陷，也是机会。通用汽车的机会来了！1903年，大卫·别克创办了别克汽车公司，1908年美国最大的马车制造商威廉姆·C.杜兰特买下了别克汽车公司并出任总经理。也是在这一年，杜兰特以别克汽车公司和奥兹汽车公司为基础，成立了一家汽车控股公司——通用汽车公司(GM)，1909年又合并了奥克兰汽车公司和凯迪拉克汽车公司。1923年5月，艾尔弗雷德·斯隆出任通用汽车公司总裁。1924年他提出了著名的"不同的钱包、不同的目标、不同的车型"战略。通过"全产品系列"，把汽车从同质化的大规模量产转向多样化车种的生产，让汽车的品牌、形象、产品"成为消费者自我价值和尊贵身份的代表与体现"。斯隆的思想实践大获成功——1921年，通用汽车公司的汽车销售量仅占美国汽车销售量的7%；1926年，这个比例达到40%；1940年，这个比例达到50%。

20世纪70年代，石油危机来袭。美国产的大排量、豪华型、有身份的汽车的销售开始面临能源危机与经济不景气的问题。此时，以精明著称的日本人来了。丰田公司着眼于小排量、节能性汽车的研发和生产，并且倾力于提高用户的舒适度，最终击败对手，成为世界第一汽车巨头。

丰田公司的成功并非偶然。其始创者丰田喜一郎在创办公司时，为了降低成本、减少浪费、降低库存，将零部件生产外包给周边小企业。以至于“围绕丰田汽车公司约有300家制造汽车零件、铸模和工具的承包商，在这300家承包商周围又有上千家的小工厂承包制造更小的零件，形成一个汽车生产辐射网，也形成了丰田汽车城”。这种即时生产、零库存、敏捷制造的生产和物流方式，也被称作“丰田生产方式”。其核心思想是“以整体优化的观点合理配置和利用现有生产要素，消除生产过程中一切不产生附加价值的劳动和资源，获得更高的生产效率和更大的经济效益”，因此具有极强的节约性、创新性、适应性。

当然，在计算机领域，美国人又带着温特制（wintelism）重新投入竞争。所谓温特，即“以微软公司的视窗系统和英特尔公司的微处理器互相搭配，在经济全球化中，将产品分解为不同的模块，在资源能够最佳组合的地方从事生产和组合”。相关评论认为，“温特制以高新技术创新为基础，以控制世界资源（人才、资金、稀缺的自然资源）的流向和经济产出（进口、出口）的流向为手段，以产品标准和商业游戏规则的制定来保证自己在世界经济中的根本利益，这使得美国成为经济全球化的主导。”从上述描述中，我们也能联想到与汽车产业相关的逆全球化、贸易竞争、芯片断供等种种迹象。

回顾上述汽车品牌全球化生产、销售的发展历程，从量产化、大众化到多产品化、个性化，再到高效能化、节能化，又到电动化、高科技化、供应链化，可以想象，未来的汽车全球化市场的竞争局势与激烈程度，又将上升到一个全新且更加复杂的层面上。

二、服务全球化

谁是全球化中服务做得最好、最让人满意的汽车品牌？

2021年12月，中华全国工商业联合会汽车经销商商会与创为企业管理咨询（上海）有限公司联合发布了新能源汽车销售和售后服务满意度指数排行榜。在销售服务体验指数排行榜上：造车新势力品牌表现相对较好，小鹏、蔚来、特斯拉位于前三名，而且得分均超过了90分；传统车企-造车新势力品牌也表现相对较好，R汽车、比亚迪和赛力斯紧随其后，位于第四至第六名。在售后服务体验指数排行榜上，沃尔沃位于第一名，特斯拉和吉利位于第二、

第三名。相关资料显示，本排行榜的调研组于2021年开展了为期两个月的新能源汽车用户的服务需求调研，在此基础上，形成了覆盖线上线下环节的79个销售服务指标和87个售后服务指标的满意度指数评价体系。随后，调研组在北京、上海等城市开展了新能源服务体验指数的实地进店调研和用户电话调研，此次调研覆盖了造车新势力、传统车企-造车新势力品牌、豪华品牌、合资品牌、自主品牌五个组别。其中，涉及销售服务调研品牌33个，售后服务调研品牌14个①。

2022年9月，全球领先的消费者洞察与市场研究机构君迪(J. D. Power)发布了2022年度中国售后服务满意度研究(CSI)。结果显示：奥迪以786分位居豪华车品牌售后服务满意度榜首，路虎以772分位列第二。广汽本田以783分蝉联主流车品牌第一。广汽传祺(773分)位列中国自主品牌第一及主流车品牌第二。吉利(770分)位列中国自主品牌第二及主流车品牌第三。奇瑞(762分)位列中国自主品牌第三。J. D. Power通过考察服务团队(21%)、服务设施(18%)、接待与诊断(17%)、服务价值(16%)、服务质量(15%)和服务预约(权重13%)这六大因子来进行全面的用户服务体验分析。

2023年3月，由中国汽车流通协会等支持承办的2023中国汽车消费节在无锡召开。活动现场，中国汽车售后服务质量监测大数据(CADA云数聚)平台基于2022年监测的消费者对售后服务的评价数据，推出"2022年中国汽车售后服务消费者口碑品牌"。其中，包括豪华品牌组的雷克萨斯、捷豹、凯迪拉克、一汽奥迪等，自主品牌组的魏牌、广汽传祺、领克等；新能源品牌组的比亚迪、极狐、Smart及奇瑞新能源等。

当今是汽车"新四化"、汽车"新五化"的时代，电动化、智能化、网联化、共享化、健康化、资本化等新概念被不断推出来。在这样的大背景下，虑及"第一辆车始于销售，第二辆车始于服务"的共识与期待，汽车品牌应该如何做好全球化的服务？

对此，普华有策公众号"普华有策ph"文章提出建议：针对客户体验网联

---

① 普华有策.汽车后市场之售后服务定制化、销售渠道数字化、客户体验网联化[EB/OL].[2022-01-07]. https://baijiahao.baidu.com/s?id=1721278584925062014&wfr=spider&for=pc.

化,“在汽车驾驶过程中,网联汽车时刻都在收集远程数据和驾驶员驾驶行为数据……通过对此类数据进行数据分析,有助于深入了解客户行为、偏好和需求,形成对客户的深层次洞察,能更有针对性地改进产品,更准确地把握研发方向,延伸产业链,培养竞争力”。针对销售渠道数字化,“目前,英、法、德超过四分之一的客户使用在线渠道评估维修门店,超过三分之一的客户利用数字化工具购买汽车部件。随着终端客户在线采购量的提升,维修门店将逐步从传统的分销模式转变为线上线下结合的新模式。OEM 厂商、分销商、维修门店等逐步直面终端客户,从在线服务预约到最终取车付款打造了全新开放式平台”。因此,汽车售后市场的数字化变革正在路上。针对售后服务定制化,提供满足客户需求的客户服务与提升用户体验是汽车售后市场获得长足发展需要关注的重点。

三、并购全球化

在汽车产业生产、销售以及售后服务全球化过程中,为了优化配置各种资源,实现更便捷、更快速、更灵敏的市场反应,并持有竞争优势,各种合资、合作、并购的全球化大剧不断上演。比如华尔街见闻消息显示:“近千亿美元!2018 年全球汽车业并购交易额创新高”;又如普华永道观点:“2022 年新能源汽车继续引领汽车并购融资市场增长”。

这里,有几个全球化的并购案例颇值得一看:

2008 年 3 月,印度塔塔集团旗下的塔塔汽车公司和美国福特汽车公司发表联合声明,塔塔以 23 亿美元的价格收购福特旗下的“捷豹”和“路虎”两个知名汽车品牌。

2010 年 3 月,吉利控股集团与福特汽车公司签署协议,以 18 亿美元获得沃尔沃汽车 100%的股权及相关资产(含知识产权)。这起因“门第悬殊”且无成功先例可循的国际并购案,一度受到外界怀疑声大过喝彩声的评价,被认为是“公主下嫁”。但是,吉利控股集团却始终不被外界影响,将沃尔沃汽车“放虎归山”,激发它自身强大的内生动力。十余年来,吉利控股集团全力支持沃尔沃汽车转型发展,巩固了沃尔沃汽车的豪华品牌地位,提高了盈利水平,实现了品牌复兴。在欧美市场销量全面增长的同时,中国成为沃尔沃汽车第二大本土市场,至 2020 年其销量达十年前的 5 倍。2021 年 10 月,沃尔

沃汽车公司在瑞典斯德哥尔摩证券交易所(隶属于纳斯达克集团)正式挂牌上市。

2021 年 1 月,菲亚特克莱斯勒(FCA)和标致雪铁龙(PSA)两大集团的合并正式完成,双方合并成为一家全新的集团,即斯特兰蒂斯(Stellantis)。新成立的 Stellantis 将成为年销售 870 万台汽车的跨国巨鳄,仅次于大众集团、丰田集团,以及雷诺-日产-三菱联盟。另外,合并后的 Stellantis 集团拥有菲亚特、玛莎拉蒂、Jeep、标致、雪铁龙等共计 14 个汽车品牌。值得一提的是,虽然被广泛称为平等合并,但是从财报和技术结构等角度来看,本次交易实为 PSA 集团对 FCA 集团的收购①。

2022 年 2 月,零部件供应商佛吉亚(Faurecia)完成了对另一家供应商海拉(Hella)79.5%股份的收购,收购项目总金额(包括现金和股票)为 53 亿欧元。收购后的新集团被命名为佛瑞亚(FORVIA),成为全球第七大汽车零部件供应商,在全球 40 多个国家拥有 300 多个产业基地和 77 个研发中心,6 个业务集团和 24 条产品线。

2023 年 3 月,现代汽车公司表示已同意收购通用汽车在印度的工厂,此举可能最终导致通用汽车彻底退出印度市场。

2023 年 5 月 18 日,浙江吉利控股集团有限公司宣布,与英国超豪华性能品牌阿斯顿·马丁·拉贡达国际控股进一步达成新的合作协议。作为合作内容一部分,吉利控股已完成对阿斯顿·马丁的股份增持,增持后,吉利控股所持股份占比约为 17%。

在汽车品牌全球化过程中,必然伴随生产、销售、服务、并购等一系列竞争与合作的连锁行动。这里面虽然充满斗智斗勇的各种篇章,但最终都会朝着更加开放、包容、普惠、平衡、共赢的方向发展。

---

① 91che. 汽车界最大规模合并落地!年营收超万亿的全球第四大车企诞生[EB/OL]. [2021 - 01 - 05]. https://weibo. com/ttarticle/p/show? id = 2309404590079417909327.

第三章

全球化汽车品牌的经典案例

随着电气化时代的到来，全球车企在新能源的赛道上展开了新一轮的“比学赶超”角逐。正如大家看到的那样，我们身边丰田、大众、特斯拉、比亚迪等，正在“各领风骚数十年”的态势中开辟着属于自己的品牌市场。正是这些各具特色、各显风流的新技术、新时尚、新革命，引领着世界车市的全球化进程。

第一节　丰田的全球化路径

丰田汽车成立于1937年,经过近百年的发展,现已发展成为全球汽车界的庞然大物。在2020年度《财富》世界200强榜单上,丰田汽车位列第十。2022年,丰田汽车实现了1 048万辆的全球销量,再度跻身全球汽车销量第一名。相关评论指出:"2020—2022年,丰田汽车连续三年登顶全球销量第一。从一家日本企业发展成为全球最大的汽车生产制造商,综观其全球化进程,丰田的成绩应归功于顾客至上的理念和由此形成的在产品开发、生产、销售及服务等领域不断创新的能力。"①

一、多样化的车型

丰田汽车公司总裁丰田章男2017年9月表示:"在全球监管更严格,促使汽车制造商研发更多的电动汽车的形势下,丰田将持续为客户推出多种车型选择……将继续专注采用混合动力技术的车型研发,包括燃料电池车和插电式混合动力车。"②实际上,轿车、SUV、MPV、皮卡等,每种汽车类型,丰田都至少有一款拔尖全行业的头部产品,将客户期待落到可触可感的地方。

(1) 经济实用型。就经济实用车型而言,卡罗拉绝对是丰田的中流砥柱。相关统计数据显示,2020年末丰田卡罗拉全球累计销量突破4 900万,再次创造全球销量新纪录,连续六年夺得全球单一车型销量冠军。作为一款经济耐用的家庭车,丰田卡罗拉自上市以来,受到很多人的喜爱,这主要由于其出色的燃油经济性、安全的配置以及合理的售价。分析人士认为,实用、耐用、好用的车型特点,是其连续"制霸"的关键。有国外媒体报道,新西兰一位名叫格雷姆·赫布利(Graeme Hebley)的卡罗拉车主成功创下一个惊人纪录,他的1993年版Corolla Wagon累计行驶200万公里,至2022年仍在正常使用。

① 刘浩远.丰田汽车全球化之路成功的秘诀[N].经济参考报,2008-03-05(007).

② 丰田致力于车型多样化不仅局限于电动车[EB/OL].[2017-9-21].https://m.cnr.cn/auto/20170921/t20170921_523958383.html.

目前，卡罗拉车型已经升级至第十二代，省油方面依旧十分吸引人，在城市拥堵路况下，众多车主反馈的实际表显油耗大多约为100公里耗油6升，这也正是电动汽车愈发成为主流的今天，卡罗拉仍然可以俘获一批忠实消费者的原因。

（2）豪华行政型。丰田的豪车以雷克萨斯系列、丰田世纪、埃尔法、威尔法为代表。虽然车的类型不同，但是这些车都有一个共同的特性，无论是外观还是内饰都堪称经典。以丰田柯斯达(Coaster)为例，从诞生到今天已有50多年的历史，现已成为世界公认的“豪华客车”代名词。以凤凰网汽车频道分享的豪华版为例：“丰田柯斯达改装商务车在外观上注重低调大气……内饰设计上注重舒适感和实用性的完美融合：配备了舒适的座椅和高档的办公桌，办公桌上增加桃木和真皮的装饰，凸显尊贵之感；车门处增加电动的收缩台阶，方便乘客上下车。”种种细节无一不在低调地凸显私人定制般的内敛之气与尊享之感。

（3）性能代表型。1998年，改编自重野秀一创作的同名赛车漫画作品的电视动画《头文字D》正式在日本富士电视台上映。在动漫作品里，男主藤原拓海以及他所驾驶的那辆丰田AE86都充满了传奇的色彩。有数据显示，1983—1987年，AE86在日本市场卖出了超过100万辆新车，还刺激了当时日本汽车改装产业的高速发展。据日本CJCD调研机构的数据，《头文字D》间接为丰田汽车带来了超过100亿美元的销售收入。需要注意的是，这部动漫作品让欧洲、北美同样受其影响，文化输出加快了国外用户对于该品牌的认知，扩大了丰田的全球销售市场。此外，还有一款车也堪称丰田性能车的天花板。2009年，丰田旗下雷克萨斯LFA量产版在东京车展亮相，它搭载了由丰田F1发动机工厂雅马哈开发的自然吸气、高转速的4.8升V10发动机。燃汽时代，评判一家车企是不是顶级，能不能研发10缸、12缸发动机的车型是一个重要的参考指标，显然丰田完全具备这种能力。也是基于这些能力，以丰田为首的日本车企陆续发力，在性能车的市场上，与奔驰、宝马、福特、通用等站到了同一竞争序列。

所以，车企要走向更大的市场，多研发、多投入，用更多、更好的车型车系作为全球市场的开路先锋，更容易获得领先的身位。

二、节能化的产品

当下,汽车行业油耗限值和排放法规越来越严苛,新能源汽车作为汽车行业发展的中长期发展目标,各种技术突破还需要走很长一段路。在这样的背景下,既能实现节能减排的目的,又能给用户带来出色驾乘体验的混合动力汽车大受青睐,而丰田在混合动力领域,技术积累已经非常成熟。而其低碳、节能、高效的混合动力技术,已经逐步影响着新能源汽车的发展。

(1) 资源与布局。日本受限于国土面积小、物资极其匮乏的困境,许多原材料都需要进口。而1973年和1979年两度爆发的石油危机使丰田汽车对能源安全高度重视。所以,在其他品牌还在专注研发内燃机时,嗅到危机的丰田已经开始了混合动力研发。1997年12月,丰田推出了第一代THS混合动力系统,并搭载在普锐斯上实行量产。这也是世界上第一款搭载混合动力系统的量产车,具有划时代的意义。业内人士指出:也是从这一刻开始,汽车发展史正式迈入新的时代,一个属于丰田的时代。目前,丰田旗下已经拥有数十款HEV(混合动力汽车)产品,在全球累计销量突破2 000万辆,在产品阵容和用户规模上,居于当之无愧的混动NO. 1的地位。

(2) 将节能与高效进行到底。所谓新能源技术车型,市面上大概分为三种,分别是BEV(纯电动汽车)、PHEV(插电式混合动力汽车)和HEV。技术攻坚上,丰田应用了具有引领世界风向标意义的高热效率发动机、高效率PCU半导体部件、高效扁铜线绕组电机。“THS混动系统将电动机与发动机混联,通过丰田独创专利技术PSD(Power Split Device)动力分配器,凭借一套由行星齿轮组构成的E-CVT变速机构传动,将电动机和发动机输出的动力结合。当车辆采集到油门信号、车速和蓄电池充电状态后,PSD系统就会综合分析用车场景,通过调整电动机和发动机的工作状态,使整车在不同工况下行驶。这套系统的强大之处在于,它可以高效合理利用系统优势,将电动机和发动机保持在工况运转。再通俗点来讲,就是通过一套智能的算法,让动力输出不仅平顺,而且更加高效。”换句话说,丰田把节能与提高效能的结合做到了可以够得到的极限。

(3) 双擎混动领先全球。2022年广州车展上,广汽丰田发布了第五代双擎混动技术,双擎品牌也正式焕新为“智能电混双擎”,并带来了“T-PILOT

智能驾驶辅助系统”“T－SMART智能座舱”“T－LINK智能互联”三大智能化技术。而作为重中之重的电池系统，通过全新开发的锂电池系统实现了34％的小型化和44％的轻量化，电能输出提升8％；高转速电机能量损耗降低19％，输出功率提升32％；进行参数方面革新后，1.8L智能电混双擎综合功率提升12％，2.0L智能电混双擎综合功率提升6％，接近147kW。更充足的电能输出，更强悍、更默契的双擎高扭矩驱动，让其拥有媲美纯电的电驱加速感。作为全球混动技术的先行者，历经25年技术沉淀的丰田使其自身的混动技术具备了诸多专业性和省油技术，为行业碳排放树立了新标杆。

三、多渠道化的销售

丰田于1989年实施了扁平化变革，一边在零部件生产、人才、研发三大板块上实行本土化战略，一边通过五大举措实现对海外业务部门的高效管理。作为全球第一车企，丰田生产设施覆盖广泛，单在日本国内就拥有16个工厂，在大洋彼岸的美国同样拥有14个工厂，而在全世界几乎所有的区域市场，丰田几乎都有工厂设立。这也是丰田全球化营销的动力源、加速器、中转站。

（1）了解用户习惯。每个国家或地区的客户都有不同的用车需求，及时了解客户的消费习惯尤为重要。丰田网站资料显示，早在1957年，丰田汽车公司就在美国设立了美国丰田汽车销售公司，并于1984年在美国与通用合资建厂，1988年在美国建立了第一个独资工厂。在这30年中，丰田在美国除宣传销售其产品外，就是熟悉美国人的生活习惯，了解美国人的消费需求，征求当地专业人员的相关意见，物色培养当地销售人员，最终为公司提供设计生产面向美国市场的车型依据。20世纪70年代，丰田在菲律宾和印尼等国开始亚洲汽车本土化的第一次尝试。其中，商务多功能车于1976年在菲律宾开始生产，1977年在印尼开始生产。这种低价格、多用途的商务多功能车有什么特点呢？突出的特点是，它在当地完成研发和设计，考虑了很多当地的因素，如不同国家的自然环境、汽车发展程度、驾驶习惯、供应商水平等。所以在销售延伸至全球之前，充分了解各国的用车习惯、风土人情等情况，是打开消费市场的必要选项。

（2）致力于本土化营销与服务。2002年7月，丰田在加州托兰斯成立了全球知识中心，负责解决本土化中的特殊需求与通用实践的矛盾，它将来自特定本地市场的创新转化为全球通用的流程，使整个公司都从中受益。虽然各国汽车市场的营销方法是互不相通的，但是随着世界逐渐变“平”，汽车市场也变得越来越相似。丰田在后发国家就采用此前在其他市场已实践过的方法来改善、提升后发市场的业务水平。例如在中国，丰田加速本土化进程的方式不是扩大产能，而是从生产、销售、研发等领域进行全方位体系强化和能力提升，加快对中国市场的产业链布局和产品投放力度，甚至提出学习中国，用中国速度带动丰田速度。近年来，丰田每年在华的销量都保持着小幅增长，正得益于丰田“年轮经营”理念——在中国市场一步一个脚印扎实成长，既要做有爆发力的短跑飞人，更要做能跑得更远的马拉松型选手。

（3）加快新的转型。在电动化浪潮席卷之下，中国作为全球最大的汽车市场，正以残酷的竞争迎接着“觉醒年代”。围绕着“碳中和”目标，丰田坚持HEV、PHEV、BEV乃至FCEV（氢燃料电池电动汽车）的全方位电动化战略，并在中国这个多元化的市场长期深耕。当前，中国汽车的电动化和智能化已经走在了世界前列，这也引导着丰田的变革。2023年上海车展上，丰田为中国消费者带来bZ系列两款“现地化研发”新车，分别是“bZ Sport Crossover Concept 智享跨界”和“bZ FlexSpace Concept 悦动空间”。丰田表示，未来将基于中国消费者的需求，在中国进行独立研发，并将把在中国企划、研发的产品普及到全球。

第二节　大众的全球化样本

大众汽车是全球四大汽车生产商之一大众集团的核心企业，总部位于德国沃尔夫斯堡。纵观其发展史，大众不是在收购，就是在收购的路上，全品类布局几乎无死角覆盖所有车型。曾有行业观察员指出，在2020年以前的中国市场，每卖出5辆车，就有1辆来自大众。如此优异的市场表现，充分说明其强大的产品实力。

一、多元化的车型

大众汽车是1984年进入中国市场的。资料显示：“1984年10月，上海汽车集团和德国大众集团在人民大会堂签订合作协议，开启了外国车企进入中国市场的新时代。大众以其优秀的质量表现和出色的行驶品质获得了众多国内消费者的喜爱，在中国范围内已拥有 13 家企业，除了生产轿车的两家合资企业外，还有零部件供应和客户服务等企业。”①

（1）经济实用型。以 POLO、速腾、桑塔纳、捷达等车型为代表的经济实用型车辆有一个共同的特点：价格便宜，皮实耐用。评价一家车企成功与否，销量数据足以说明一切。经济全球化之下，如何能用更少的成本买到适合自己使用场景的车，是大多数购车者都会思考的问题。显然，大众在这一点上下足了功夫。遍布全球的研发中心不仅研发车辆，而且会收集数据研究每个地方的人们的消费习惯。以速腾为例，大众速腾自 2006 年进入中国以来，凭借德系高品质 A＋级家用轿车的市场定位，以及出色的造型设计和优良的德系品质，深受消费者的喜爱，2022 年全年累计销量达到 227 556 辆，至今累计销量也已经突破 350 万辆，成为国内 A＋级轿车当之无愧的明星车型之一。为什么它如此好卖？原因有三点：车身宽大，空间舒适，A 级轿车有 B 级轿车的空间；外观大气，内饰精致，符合国内消费者的审美需求；德系的品质和口碑，桑塔纳和捷达给大众积攒了一大批“忠诚”消费者。

（2）兼顾行政型。这一类别是大众超级出彩的车型之一。经济实用型吸引了刚需客户，豪华行政型留住了优质客户。其中以帕萨特、迈腾、CC、奥迪 A6L 等为代表。喜爱这些车型的客户，大多已拥有稳定的社会地位和坚实的经济基础。对于这类客户而言，家用车型兼顾一定豪华感的配置非常必要。帕萨特诞生于 1973 年，至今已风靡全球 50 多年，累计销量逾 3 000 万台。2000 年，这款全球最优秀的 B 级车一举成为国内王牌轿车。数据显示，即便在当下，其国内月销量仍能突破万辆。内饰考究、外观大气、动力匹配充足，这些都是吸引消费者购买的重要因素。

（3）豪华类型。大众旗下的“奢侈品”汽车真不少，兰博基尼、布加迪、宾利、保时捷，还有卡车类型的斯堪尼亚、摩托车类型的杜卡迪、房车类型的 MAN 等。正如消费者心理：贵的东西不一定最好，但一定有正确的地方。这

① 大众入华四十载 深耕市场创新再出发[EB/OL]. [2024 - 10 - 12]. https://baijiahao.baidu.com/s?id=1812672192807048244&wfr=spider-&for=pc.

也就是为什么大众要收购如此多的品牌,其实是为了更加细分市场。采用同一个平台开发,但采用不同的品牌销售策略,最大限度地占领市场。比如,保时捷的卡宴与大众的途锐其实都属于高端SUV,但是一个走的是安全、动力、奢侈,一个走的是性价比,所以最大可能地把90万~120万购买力的人群都吸引过去。2022年,世界500强榜单上,大众集团位列第8,将奔驰和宝马远远甩在了身后。所以,全球化之下,一个品牌的加持是不够的,不足以支撑起全球购买力,推陈出新、增加车型、丰富而又多元化,才能迎合全球市场的多口味。随着全球进入电气时代,大众消费观念也在改变。2023年2月,大众汽车宣布电气化战略,计划未来五年内加快电动汽车的生产。

二、核心竞争力

2021年7月,大众汽车集团发布2030 NEW AUTO战略:携手旗下各品牌聚焦平台化战略,创造协同效应与规模效应,并创造新的利润来源。大众汽车集团管理董事会原主席赫伯特·迪斯在发布会上表示,大众的战略目标是成为全球纯电动汽车市场的领导者,正朝着这一目标迈进。到2030年,大众汽车集团将按照《巴黎协定》的承诺,将每辆汽车在整个生命周期内的碳足迹与2018年相比减少30%。到2040年,集团在全球主要市场的所有新售车辆将接近零排放。最迟到2050年,集团将实现碳中和。

(1) 重金投入与产品进化。进入电动智能化时代后,汽车品牌一夜倍增:从造车新势力到传统自主车企,再到老牌合资车企,越来越多的新设计、新品牌、新信息、新参数不断问世。以国内市场为例,上汽大众位于安亭的MEB新能源工厂,投资170亿元,用时一年,就建成了目前国内生产规模最大、效率最高的纯电动汽车工厂,规划年产能达到30万辆。上汽大众仅一个工厂的170亿元的投资,甚至就超过了不少新势力品牌所有的融资总和,这就是底蕴和实力的差距。新势力会的东西,老牌车企要学习和研发甚至升华是很“容易”的,毕竟几十上百年的底蕴在这里。他们一旦发力,新势力是很难接招的。这也是为什么大众能够有全球开花的表现力。大众集团汽车业务在2021财年的研发成本达到156亿欧元,同比增长12.2%,研发收入占比为7.6%,与上一财年持平。按照相关计划,2022—2026年,大众集团的总投资额将达1 590亿欧元,其中890亿欧元用于电动汽车和数字化领域。重金砸

向新能源研发，开花结果只是时间问题。

(2) 优化服务与适用策略。大众汽车将市场视为产品开发的向导，根据市场需求开发新的产品，以多品种、宽系列满足各类用户的需求。这种技术创新的“适用策略”，充分体现了大众汽车“用户的愿望高于一切”的服务宗旨。这说明，以“用户的汽车”为中心正在向以“用户本人”为中心转变。尤其是在汽车服务的技术方面，为满足顾客对部件的需要，某一型号的最后一辆汽车出厂后至少 15 年内，大众汽车保证供应所有的必要备件。公司有一个独特的部件供应和运输组织，除特殊情况不能立即完成订货外，订货完成时间为 24 小时。实施适用策略，大众汽车非常关注用户的信息反馈，每年在欧洲进行一次调查，以了解用户对本汽车公司服务的满意程度，平均每年收到 50 万条意见。

(3) 内部用户与品质保证。大众汽车非常重视产品质量，具有精益求精的意识。有分析认为：强烈的质量意识已经成为大众汽车企业文化的核心内容，深深植根于广大员工的心目之中。借鉴先进企业精益求精的生产方式，大众初步探索出一套全新的质量管理模式，以质量管理为创新管理提供保障。相关研究结果表明：精益生产方式强调以人为中心，实现生产的自控化和即时化，最大限度地消除无效劳动、降低成本。这中间，大众汽车形成了一种独特的“内部用户”原则，即下道工序是上道工序的用户，上道工序要像对待用户那样为下道工序服务。“内部用户”原则的贯彻，使得各生产环节之间主动协调工作，生产经营效率明显提高。现在，这种“内部用户”原则已经落实到班组，把任务落实到每个员工身上，并在此基础上，加强对现场技术工人和工程师的再培训及岗位考评，使产品质量有了进一步的提高。

三、全球化的营销战略

全球化的市场流行这样一句话：世界范围内有三样东西值得我们尊敬，分别是“德国汽车”“日本电器”“美国科技”。这三个品牌不是在卖产品，而是在用文化、气场、习惯进行感染。汽车圈有则故事：曾经，第一个被邀请来华建厂的汽车品牌是通用，但通用摆出一副优越感拒绝了。随即邀请大众，大众来中国考察后，认为市场潜力巨大，当即与上海汽车联合成立上海大众汽车有限公司,开始生产红火了30年的桑塔纳。十年后,通用来中国看到满大街跑的大众汽车,真是不知道其时作何感想。

(1) 深入推进本土化合作。2022年10月13日,大众汽车集团正式官宣,计划投资约24亿欧元,由旗下软件公司CARIAD和地平线在中国成立合资企业,并持有合资企业60%股份。此次合作将助力大众汽车集团在华加速推出自动驾驶领域的本土定制化解决方案。按照计划,针对中国市场需求,CARIAD将携手地平线开发高度优化的全栈式高级驾驶辅助系统和自动驾驶解决方案,在单颗芯片上集成多种功能,提高系统稳定性,节约成本,为集团在中国的纯电动车型提供可扩展的、高性价比的高级驾驶辅助系统和自动驾驶解决方案。同样,在大洋彼岸的美国,本土化深入从定义到设计开发,再到测试,最后到认证的全链条。

(2) 抓实本土化运营。针对不同国家的需求,推出不同的车型,这离不开大众全球研发中心的知识储备。以中美两国为例,消费者都喜欢大型SUV,“途”系列产品应运而生,从紧凑型到豪华型,你想要的,大众都有。同时,产品更加智能化。生产者与消费者都在讲,汽车已经不仅仅是一个代步工具,实用+智能的组合才能引领未来。所以,2023年上海车展上,大众带来了全新旗舰纯电轿车ID.7,作为一款全球首秀的新车,ID.7将本土化战略演绎到极致,没有谁比大众汽车更能明白本土化的意义,过去40年大众就是这样过来的。有大众高管认为,与中国本土的优秀公司“结盟”是最有效率的本土化。在智能化的两大赛道——智能座舱与智能驾驶上,大众汽车同样选择与中国头部科技公司合资。

(3) 坚持本土化采购。2023年4月,大众集团宣布:计划投资约10亿欧元,在中国安徽省合肥市建立纯电动智能网联汽车研发、创新和部件采购中心。在当天发布的新闻公告里,大众表示该中心将致力于整合车辆和零部件研发与采购环节,把中国本地供应商先进技术集成到汽车开发过程中,有望将新产品和技术的开发时间缩短约30%。新公司于2024年初投入运营,拥有超过2000名从事采购及研发领域的员工。种种安排进一步体现了大众汽车将更加注重中国市场的需求和特点,并通过在中国本土的投资和发展来提升自身的竞争力和影响力。卖出车的同时,带动当地经济的同步发展,共赢未来的布局可谓深孚众望。

第三节　特斯拉的全球化崛起

特斯拉作为全球领先的新能源汽车企业，其创业团队主要来自美国硅谷。因此，业内人士都说特斯拉是在用 IT 的理念与互联网的思维造车(当然，这也是国内许多造车新势力的理论源泉与师法榜样)。2003 年创立至今短短 20 多年，特斯拉已经在新能源汽车领域拥有绝对的话语权与领导力。2023 年 5 月 26 日，有行业分析公司称，特斯拉 Model Y 在 2023 年第一季度成为全球最畅销的汽车，以 26.72 万辆的销量领先丰田卡罗拉，这也是电动汽车首次成为全球汽车的销量冠军。

一、核心竞争力

特斯拉真正的核心竞争力之一是其电子电器架构，在特斯拉 Model 3 之前，汽车的电子电器架构通常采用分布式设计，每辆车通常配备超过 70 个 ECU，就是电子控制单元。特斯拉的突破性创新在于将原本整车的 70 多个 ECU 直接整合为三大核心模块：中央计算模块，左车身控制模块、右车身控制模块。一墨说车指出，对于消费者来说，目前已经可以感受到的是特斯拉通过远程 OTA 升级，提高百公里加速甚至提高续航里程。而在电驱系统的开发及应用上，特斯拉采用了电池组存储能量，通过电动机驱动车轮。这种技术也比燃油发动机来得更高效、更环保。

(1) 电池技术。作为新能源汽车，电池的质量直接影响着用户的体验感。特斯拉旗下车型使用的都是三元锂电池，三元材料是指镍、钴、锰三种材料。有些三元锂电池也用镍、钴、铝做正极材料。三元锂电池是目前非常流行的电池之一，大部分纯电动汽车基本都使用三元锂电池。锂电池重量更轻，能量密度更高，非常适合纯电动汽车。能量密度高是三元锂电池的最大优势，电压平台比较高的三元锂电池续航时间更长。在电池技术革新上，2022 年 9 月，特斯拉表示正计划推出搭载 4680 电池的电动汽车，相比特斯拉目前使用的电池，4680 电池的制造速度更快，成本更低，并且更加环保。4680 电池采用了更大的电芯和新的干电极涂层技术，可节省约 86%的成本，每生产含

1 kW·h电能的电池可降低69%的成本。相关数据显示，特斯拉电池管理系统可以实现超7 000节电池的一致性管理，在电池冷却、安全、电荷平衡等领域拥有140项核心专利技术。

（2）超级充电桩技术。众所周知，新能源汽车对于续航是有“焦虑感”的。相较于几分钟就能完成加油的燃油汽车，动辄充电半小时以上的新能源汽车显得极为浪费时间。特斯拉在解决用户充电问题上可谓走在了全球的前列——目前，市面上能够见到的还是第三代超级充电站。而特斯拉早就公布了在美国建设太阳能V4超充站的消息，据悉，特斯拉V4超充会采用双电缆，采用全新的fat-charging技术，V4超充站的充电功率将达到350 kW。① 特斯拉的充电站建造效率也可圈可点，“建成一座充电站，并投入使用，所需时间不到10天”。这非常重要，只有高密度覆盖式的充电桩，才能有效破解用户充电难的问题。有数据显示，截至2022年8月30日，特斯拉中国已在中国建设并投入运营超过1 200个超级充电站，提供近9 000根超充桩，覆盖超过370个城市，被认为是国内拥有超充桩数量最多、规模最大的充电网络之一。

（3）全球最强的FSD芯片。特斯拉的芯片是不是全球最强？有分析认为：特斯拉汽车的FSD芯片使得特斯拉在核心技术领域彻底摆脱了第三方供应商，极大地促进了自动驾驶技术的发展。FSD单芯片的运算能力72TOPS，板卡144TOPS，而之前最强自动驾驶芯片英伟达AGX Xavier自动驾驶算力仅为21TOPS。对于“好车”的概念，或许每个人的关注点各有不同，但智慧、智动、智能的安全汽车、安全出行人人都喜欢。虽然这条探索、前进的道路上肯定会有各种各样的挫折，比如新闻报道里的刹车失灵、网络断联等，但总有一点是可以预见得到的：以特斯拉芯片为代表的芯片、算法以及相关黑科技的智慧结合体，正在不断给出更加积极的未来解决方案。

二、产品竞争力

（1）豪华代表型。时代和技术都在进步，高科技配置成了很多汽车的标

① 追上小鹏/吉利功率！特斯拉首个V4超充开建：充电速度不输加油[EB/OL].[2022-09-19]. https://baijiahao.baidu.com/s?id=1744377097320128204&wfr=spider&for=pc.

配。特斯拉 Model X 别出心裁的设计——鹰翼门集豪华与创新于一体，以往跑车才用的配置，在一辆 SUV 上就能得以实现。而在动力表现上，Model X 的表现同样强劲，搭载的一台全时四驱电动机，百公里加速时间仅需 4.4 s。此外，Model X 的电池续航里程最高可达 597 km，长途旅行变得更加从容和便利。2015 年问世以来，Model X 已经为电动 SUV 树立了标准。轿车方面，Model S 从推出开始便被定义为旗舰车型，其配置同样是豪华和科技的双加持。车辆所搭载的大容量动力电池包能够提供 600 km 以上的综合续航里程。可以说，特斯拉从打响全球化第一枪开始，已经开启了科技加持的高端路线。

（2）性能车型。任何一家车企走向成功，一定都有拿得出手的性能车。特斯拉作为新能源品牌，在追求极致驾驶的路线上，同样有拔尖的产品。正如行业分析指出的那样，Model S Paid 的上市就是将电动车性能推向了一个新的高度，百公里 2.1 s 的加速时间，说“秒杀”了大部分的跑车也不为过。究其原因，有消息显示：其搭载的三台高性能电机最大功率可达约 750 kW，最高车速达 322 km/h。而车内配备的莫比乌斯方向盘也极具特色，以往只能在赛车上见到的配置，这一次在民用车上得以实现，非常适合驾驶风格奔放的客户。

（3）性价比优选型。2016 年 4 月，特斯拉汽车在美国发布了一款新车——特斯拉 Model 3，基础售价为 3.5 万美元。在开放官网预订之前，仅靠门店排队预订，Model 3 的订单数量已经超过 11.5 万辆。在国内，2019 年底，特斯拉也在上海临港超级工厂交付了首批国产 Model 3。这两个事件说明，特斯拉在中美市场的号召力与交付力都令人惊艳。实际上，在 Model 3 之前，动辄百万元价格的 Model X 和 Model S，让许多想购买特斯拉品牌的人望而却步。当然，这也塑造起特斯拉科技型、品质型、未来型、豪华型的品牌调性。为了抓住这部分想买而未买的潜在客户，特斯拉推出了 Model 3，成就了让更多的客户买得起、用得起的特斯拉。也因为此，在中国比亚迪“起飞”之前，Model 3 的销量才会如此可观。

三、全球化营销战略

作为一家纯电动汽车企业，特斯拉仅仅用了 20 多年，便从一家小型初创公司发展成为在全球各大主要汽车市场拥有销售服务网络和能源充电网络的全球化车企。有别于传统燃油车企授权经销商合作,搭建涵盖产品"4S"的销售、零部件、售后和用户信息反馈的网络,特斯拉以苹果等科技公司的销售策略,在全球范围内建立了庞大的直销服务体系。离用户更近,更容易理解用户、感知用户、聚拢用户。

(1) 全球建厂扩大生产力。2016 年,Model 3 的推出使大量订单涌向特斯拉,受限于产能,销售规模难以进一步提升。这让特斯拉 CEO 马斯克意识到,要拓展海外市场,首先要建立工厂、确保产能,于是,他在全球各地寻觅合适的生产基地。现在我们看到,特斯拉目前已建成和在建的几座超级工厂主要分布在美国、中国、墨西哥以及欧洲。其中美国 4 座,中国 1 座,墨西哥 1 座,欧洲 1 座,全面生产整车、电池电机、光伏产品等。汽车制造以加州弗里蒙特工厂、上海临港超级工厂、柏林超级工厂、德州奥斯汀超级工厂为主。内华达州超级工厂负责投产特斯拉电池。墨西哥超级工厂将建造下一代电动汽车。纽约超级工厂负责生产太阳能屋顶、太阳能电池板和超级充电电气组件。全球建厂的好处是显而易见的,极大提高了生产力,拓展了品牌力,赢得了市场亲和力。也正是基于这些全球化的超级工厂,特斯拉才打造出被媒体称道的"冠绝全球的电动汽车生产制造能力"。

(2) 全球直销扩大品牌力。当初,由于纯电动汽车在消费者心中还没有建立起认知,特斯拉的销售顾问需要花一个多小时甚至更长的时间为用户讲解充电方法、政府优惠政策以及电动汽车经济性等知识。为了解决这个问题,特斯拉将门店和展厅建立在人流密集的大型商圈或市中心,极大地增加了品牌的曝光度,看的人多了,懂的人自然也就多了,人际传播的效果形成了特殊的连锁反应。与传统车辆销售不同的是,特斯拉对用户开放了定制权限。用户到门店对车身颜色、内饰等方案进行体验,同期完成定制,就能收到自己的专属汽车。通过订单式的生产,特斯拉实现了 0 库存。而且,直销更契合新汽车、新消费的新商业模式。在直销模式下,特斯拉的整个服务体系都呈现出高效、便捷、个性化的特点。价格、服务、售后等全链条透明化、可视化,消费者不必担心价格差、服务差,买得放心,服务也来得贴心。

(3) 全球合作拓展服务力。2023 年 4 月 3 日,特斯拉在华推出了 Cybervault 充电桩(赛博充),这一产品本土研发、本土设计、本土制造,专门为中国用户量身定制。来自新华社的报道显示,赛博充不仅可以在传统的家庭

固定车位充电环境下使用，其充电器主体还可以卸下来“随车移动”，在需要补能的环境中，充电器主体搭配专用的适配器，连接在可靠接地的家用三孔插座上使用就能变成“随车充”，缓解用户的外出场景充电焦虑。专程访华的特斯拉全球软件工程副总裁 David Lau 说，“我们在中国搭建包括上海研发创新中心等团队，确保我们可以针对中国市场定制产品，最终让我们为中国用户定制的产品可以领先世界。”截至 2023 年 5 月初，特斯拉已经在中国布局 1 600 多座超级充电站、1 万多个超级充电桩，以及 700 多座目的地充电站、2 000 多个目的地充电桩。此外，特斯拉还拥有创新性的服务体系——从实体服务中心、自营/授权钣喷中心、虚拟服务中心、400 客户服务热线等四大模块出发，为车主提供“无感知”“不打扰”的服务。以 400 客户服务热线(7×24 小时在线)为例，车主有任何用车问题都可以致电咨询，相当于车主的“万事通”。

2023 年初，特斯拉公布了 2022 年全球生产及交付快报：2022 年全年累计产量和交付量分别为 1 369 611 辆和 1 313 851 辆，蝉联全球纯电动汽车销量冠军。可以说，这是一份令人仰望，而又不得不低头学习，并值得模仿者追赶的成绩单。

第四章

极氪品牌全球化的时代机遇

站在当前回看20世纪末21世纪初，中国政府实施的关于新能源汽车的相关计划与行动，无疑是非常具有预判性、前瞻性、科学性的。汽车产业百年一遇的大变局正伴随着汽车“新四化”，生机勃勃地来到我们身边。这个百年一“遇”之变，是激荡之遇，是发展之遇，是革新之遇，是机会之遇。中国一直扮演着“追随者”的角色，有望更新为“领导者”的角色。

第一节　新汽车之机遇

汽车产业正历经百年未有之大变局，汽车“新四化”浪潮滚滚而来。站在时代转折点，中国凭借前瞻性战略布局，从汽车产业的“追随者”加速向“领导者”转变。在这充满机遇与挑战的新汽车时代，极氪品牌迎来全球化发展的关键契机。

新技术、新驾驶、新安全，共同构建起新汽车时代的机遇矩阵。它们不仅重塑汽车产业生态，更为极氪品牌全球化发展提供了广阔空间与无限可能。

一、新技术

回顾汽车的发展史：1769 年，在法国的炮兵工厂里，工程师尼古拉斯·古诺发明了一辆用于牵引大炮的蒸汽机车。这辆蒸汽机车“依靠蒸汽产生的动力通过连杆传动装置带动轮子转动从而驱动车辆行驶，使车轮变成实际推动车辆前进的工具”。真正意义上的第一辆汽车是 1885 年卡尔·本茨制造出的“奔驰一号”：一辆以前轮转向、后轮驱动的三轮车，该车采用了单缸水冷四冲程发动机，最高时速可达到 16 公里。其转向系统、刹车系统，水箱、油箱、火花塞，还有悬挂系统等，都已经有了非常精良的设计。1886 年 1 月 29 日，它获得了第一张汽车专利证书。所以，这一天也被誉为“汽车诞辰日”。

从第一辆汽车发展到今天，已经 140 年，全球汽车产业呈现出日新月异的技术变革大趋势，其间经历了许多次的技术革命。对于这些技术革命，许多分析因为侧重不同、关心不一，对于各种技术革命的参与、引入、革新，有着众说纷纭而又各有道理的认知。

比如，中国改革网刊登的文章认为，汽车产业已经历三次大变革且正迎来第四次大变革。第一次大变革，生产流水线的创新。1913 年，美国福特公司在汽车城底特律市建成了世界上第一条汽车装配流水线，使 T 型车成为大批量生产的开端，也使得世界汽车工业的重心从欧洲转向美国。第二次大变革，产品多样化的创新。20 世纪 50 年代，针对美国车型单一、体积庞大、油耗高等弱点，欧洲开发了多种多样的新型汽车，多样化的产品成为其最大优势，

规模效益也得以实现，打破了美国汽车公司在世界车坛上的长期垄断地位，世界汽车工业的重心从美国又转回欧洲。第三次大变革，精益生产方式的创新。20 世纪 70 年代，以丰田为代表的日本汽车公司，将“全面质量管理”和“适时生产系统”的管理机制应用于汽车生产，推行精益生产方式，推动了日本汽车工业的高速发展，使日本成为继美国、欧洲之后的世界上第三个汽车工业发展中心，世界汽车工业重心又发生了从欧洲到日本的第三次转移。目前，汽车产业第四次大变革已经开始，包括汽车驱动能源的创新、汽车驾驶方式的创新、汽车生产方式的创新。又如，复合材料体验馆从车身复合材料方面提出了六次变革。第一次变革，木头到铁板，马车到汽车；第二次变革，tin(锡片)让造车更容易；第三次变革，强韧铁皮金属车身成新宠；第四次变革，镀锌薄板抗腐蚀；第五次变革，高强度钢，让消费者更安心；第六次变革，复合车身和碳纤维率先登场。再如字节跳动旗下的一站式汽车信息、交易与服务平台“懂车帝”从车辆操作与舒适性方面提出的 5 次技术革命：涡轮增压发动机、6 速自动变速器、运动换挡拨片、全 LED 照明系统、支持蓝牙连接的娱乐系统。再如，人民网站在中国角度提出的四次革命：1953 年，新中国汽车工业正式起步，第一汽车制造厂在长春正式成立，新中国的第一座汽车厂拔地而起。1956 年 7 月 14 日，第一批解放牌汽车在苏联的技术援助下正式出厂。这是中国汽车的第一波革命，解决了有无的问题。1983 年至 1985 年，中国首批合资车企诞生，让汽车第一次走进了千家万户，成为中国汽车工业第二波革命的起点。从 20 世纪 90 年代末期开始，中国自主品牌掀起了第三波革命浪潮，想想吉利、比亚迪、奇瑞等公司创业的历程，他们奋斗了 20 多年，近些年才开花结果。随着电气化大潮来临，自诞生以来一直“按部就班”发展的汽车产业终于迎来了百年一遇的第四次大变局。

随着上述技术革命持续推进，我们能真切地感受到，汽车产业百年一遇的大变局正伴随着汽车“新四化”浪潮——智能化、网联化、电动化、共享化的新技术，蓬勃有力地奔涌而来。

二、新驾驶

当前提及的“新驾驶”可以更直观、更贴切地表述为“自动驾驶”。其对象即自动驾驶汽车，这类汽车又称无人驾驶汽车、电脑驾驶汽车、轮式移动机器人等，是通过电脑系统实现无人驾驶的智能交通工具。

自动驾驶技术的概念雏形可以追溯到1939年。当时，通用汽车在纽约世博会上搭建Futurama模拟城市展厅，首次提出自动公路的概念。这一设想被视为智能汽车、智能交通的早期构想。而被普遍认可的第一辆“自动驾驶”汽车是Stanford Cart，20世纪70年代早期，它利用摄像头和早期的人工智能系统来绕过障碍物。缺陷是处理速度太慢，每移动1 m需要20 min。进入21世纪，随着科技发展，我们终于迎来真正意义上依靠人工智能、雷达运算、监控装置，以及全球卫星定位系统的运作，在无需人类干预的情况下，车辆可以实现自动安全驾驶。

为什么新驾驶是新机遇呢？因为消费者与市场都希望能够出现进一步解放驾驶专注度与摆脱驾驶疲劳感的新汽车。虽然正如特斯拉CEO马斯克在接受媒体采访时多次表达的那样：“实现真正意义上的自动驾驶比想象中要难得多。”

目前，全球汽车行业中比较公认或者说经常提及的两项分级制度分别是由美国国家公路交通安全管理局和国际自动机工程师学会提出的。

按照国际自动机工程师学会标准，自动驾驶汽车可分为6个等级：无自动化（L0）、驾驶支援（L1）、部分自动化（L2）、有条件自动化（L3）、高度自动化（L4）和完全自动化（L5）。L0级自动驾驶：无自动化，油门、刹车、方向盘全程皆由驾驶者掌控，它是最普通的驾驶方式；包括定速巡航，只能设定固定的速度，车辆不会自动调整速度。L1级自动驾驶：以驾驶操控为主，系统适时辅助，主要还是由驾驶者操控车辆，但在特定时候系统会介入，如ESP电子车身稳定系统或ABS防锁死刹车系统，主要用于提高行车安全性。L2级自动驾驶：部分自动化，驾驶者仍需专心于路况，L2级自动驾驶可说是目前各大车厂的主流，如果L1级自动驾驶仪是辅助油门和刹车，那么L2级自动驾驶仪是添加到方向盘，如特斯拉自动驾驶仪，沃尔沃飞行员协助，梅赛德斯-奔驰驱动试验等，可以在一定的条件下控制车辆的速度和转向。L3级自动驾驶：有条件自动控制，该系统可自动控制车辆，在大多数路况下，驾驶者注意力不需专注于路况，相较于L2级还是需要专注于路况且双手须置于方向盘上，L3级自动驾驶可以使驾驶者在一定条件下转移注意力，而不关注路况，双手甚至可以离开方向盘。L4级自动驾驶：高度自动化，还是具有方向盘等驾驶机构提

供驾驶适时操控车辆，在启动自动驾驶后，在设置目的地后计算机将按照路线行驶，基本无须驾驶者干预，只需在高速公路或市区等特定区域进行干预，它已经能够处理大部分动态驱动任务。L5 级自动驾驶：全自动化，人类完全成为乘客，L5 级自动驾驶车辆将完全自动化，车上连方向盘等驾驶机构都不需要，完全通过电脑感知与运算来驾驶车辆，不论任何环境、路况，都不需要人类驾驶介入操控。

与上述标准相适应，2021 年 8 月，由工业和信息化部提出，全国汽车标准化技术委员会归口的《GB/T 40429—2021 汽车驾驶自动化分级》推荐性国家标准由国家市场监督管理总局、国家标准化管理委员会批准发布①（国家标准公告 2021 年第 11 号文）。

该标准综合考量了动态驾驶任务、最小风险策略和设计运行范围等多个维度，将汽车驾驶自动化等级划分为 0～5 级，目前常见的车道居中控制、自适应巡航控制等功能均属于 1 级驾驶自动化（部分驾驶辅助）。具体来看，0 级驾驶自动化（应急辅助）系统不能持续执行动态驾驶任务中的车辆横向和纵向运动控制，但具备持续执行动态驾驶任务中的部分目标和事件探测与响应的能力。1 级驾驶自动化（部分驾驶辅助）系统在其设计运行条件下，主要侧重于持续执行动态驾驶任务中的车辆横向或纵向单一方向的运动控制，且具备与所执行的车辆横向和纵向运动控制相适应的部分目标和事件探测与响应的能力，各功能模块相对独立工作。2 级驾驶自动化（组合驾驶辅助）系统在其设计运行条件下，能够持续且协同地执行动态驾驶任务中的车辆横向和纵向运动控制，且具备更全面、更精确的与所执行的车辆横向和纵向运动控制相适应的部分目标和事件探测与响应的能力，系统各部分之间有更紧密的信息交互和协同工作机制。3 级驾驶自动化（有条件自动驾驶）系统在其设计运行条件下，持续地执行全部动态驾驶任务。4 级驾驶自动化（高度自动驾驶）系统在其设计运行条件下，持续地执行全部动态驾驶任务并自动执行最小风险策略。5 级驾驶自动化（完全自动驾驶）系统在任何可行驶条件下，持续地执行全部动态驾驶任务并自动执行最小风险策略。

---

① 汽车标准研究. GB/T 40429—2021《汽车驾驶自动化分级》正式发布[EB/OL]. [2021-09-18]. https://m.thepaper.cn/baijiahao_14569198.

相关报道显示，该国标于 2022 年 3 月 1 日正式实施。正如业内专家指出的那样，该标准将支撑行业管理、助力标准体系建设、规范企业开发和宣传、增进消费者理解及产品的市场接受度，对提升公共交通安全和促进产业规范有序发展具有重要意义。

三、新安全

汽车与消费者的关系始终是双向塑造的过程。比如，如今人们越来越认识到看似坚固的汽车，实则存在多处脆弱区。一辆车除了坚固的车头，其他如车尾、车身侧面、车顶等，都值得我们在手握方向盘的时候把其想象成易拉罐，“一堵墙、一个水泥墩、一根电线杆，都足以让车身严重损坏”。又比如在高速行驶中的车辆的动态平衡极其敏感，再比如不能对电子辅助系统过度依赖，这些传统的经验都是为了行车安全考虑。

汽车新技术与新驾驶模式越先进，安全性就越成为核心关注点。只有拥有可靠的技术基底、可信的智能系统、可控的驾驶体验，才能赢得消费者信任与市场认可。由于消费者与市场，以及汽车生产商本身的高度重视，行业将汽车的安全性分得越来越细。先是分为主动安全性、被动安全性，后来又增加了事故后安全性、事故后生态安全性。

主动安全性，即防止车辆发生交通事故的安全配置。比如 ABS 防抱死制动、EBD 电子制动力分配、ESP 车身稳定、TCS 牵引力控制、LDWS 车道偏离预警、全景环视、BSW 盲点警示、并道辅助、TPMS 胎压侦测系统等所有能够降低碰撞危险的配置都是主动安全设施。被动安全性，是指交通事故发生后，汽车本身减轻人员伤害和货物损失的能力。比如防撞钢梁、各种碰撞吸能溃缩结构、安全气囊、安全带、头颈保护装置等能够最大限度地降低伤害的配置。事故后安全性是指汽车能减轻事故后果的性能。主要包括能否迅速消除事故后果，同时避免新的事故发生。事故后生态安全性是指发动机排气、汽车行驶噪声、电磁波，以及新能源汽车的电池等对环境的影响。

为什么新安全是新机遇？因为越是能够抓稳、抓牢消费者与市场看重的东西，就越是能在消费需求的弥合、达成中，实现机会变现、弯道超车与产业振兴。比如，沃尔沃汽车就是凭借以安全为核心的“车设”，成为消费者心中的不二之选。

美国公路安全保险协会（IIHS）是一个非营利性、非官方的第三方机构，其对碰撞分级极为严苛，与我们常见的正面、正面偏置、侧面等三种碰撞测试不同，IIHS 的碰撞分级高达 6 项之多。2022 年 IIHS 修订了测试标准，新的侧面碰撞测试使用了更重的（约 1 905 kg）冲击屏障，最终撞击的时速从 50 km 提高到 60 km，这相当于多产生了 82％的能量冲击。为此，沃尔沃 XC90 大面积使用超高强度硼钢打造笼式安全车身，硼钢钢材比例高达 33％。凭着极高的刚性与抗扭曲性硼钢打造的“防护笼”，不但能更好地保护座舱结构完整性，而且前后变形区有助于分散碰撞能量，再加上安全带和 7 个安全气囊，可以有效降低车内乘员受到的冲击力。

随着新技术的进步，沃尔沃更新了三层安全保障体系。第一层为让正常驾驶变得“更轻松，自带松弛感”。这得益于沃尔沃的“RSC 防翻滚稳定控制系统”：当 XC90 这类高底盘和高车身的 SUV 遭遇复杂路面，系统判定车辆有重大的倾翻危险时，系统将对一个或多个车轮进行制动，降低车辆翻滚的风险。第二层为“风险干预”，例如 LKA 车道保持辅助：如果车辆开始偏离车道中心线，就有可能与迎面车辆发生碰撞。XC90 可检测车辆偏离情况并纠正其转向，帮助回到车道安全位置。第三层为碰撞规避。当时速达到 4 km 及以上时，CitySafety 城市智能安全系统会被自动激活——遇到危险时，系统通过听觉、视觉和制动脉冲警报等方式提醒驾驶员避免碰撞。如果碰撞已经迫在眉睫，XC90 将会自动刹车。

2023 年，沃尔沃旗下旗舰型 SUV XC90/XC90 T8 车型获得 IIHS 颁发的 2023 年度顶级安全之选＋（TSP＋）大奖，进一步夯实了其在安全领域的市场地位。我们甚至可以说，沃尔沃正以其独特的“豪华观”，把消费者与市场最关心的安全性能打造到极致。

第二节　新能源之机遇

作为产业迭代的见证者，传统燃油汽车正加速退出历史舞台。在新能源变革浪潮中，中国率先锚定技术跃迁机遇。正如《新能源汽车产业发展规划（2021—2035 年）》所阐释的那样，自 2009 年将新能源汽车列为国家战略性新兴产业以来,我国通过构建“三纵三横”研发布局,同步推进能源安全与产业升级双重战略,既为破解原油对外依存困局,更为抢占智能电动技术制高点。

对于新能源汽车的能源之新,即采用非常规车用燃料作为动力来源,主要包含纯电动汽车、燃料电池电动汽车、气动汽车等。

一、电动汽车

纯电动汽车(battery electric vehicle, BEV)采用单一蓄电池(如铅酸电池、镍镉电池、镍氢电池、锂电池等)作为储能动力源,通过电池向电动机提供电能,驱动电动机运转,从而推动汽车行驶。因此,电动汽车要实现卓越动力性能,需匹配高能量密度、高功率密度、长循环寿命三位一体的动力电池组。

为什么蓄电池性能这么重要呢?翻开电动汽车发展史,相关资料显示:早在 1873 年,英国人罗伯特·戴维森即制作了世界上最初可供实用的电动汽车(比德国人戴姆勒和本茨发明汽油发动机汽车早 10 年以上)。1884 年,英国实业家托马斯·帕克制造了第一辆配备高容量可充电池的电动汽车。1899 年,比利时工程师卡米乐·热纳茨制造了世界上第一辆车速超过 100 km/h 的纯电动汽车。但是,这些都面临一个制约性的难题:电池技术不足。所以,进入 20 世纪,随着内燃机技术不断进步,电动汽车逐渐沉寂。

然而,人类对电动汽车及电池技术的探索从未停歇。自 20 世纪 70 年代两次石油危机爆发后,能源可持续性问题引发全球关注。这两次危机促使人们开始思考:全球石油储量究竟还能满足人类需求多少年?

近年来,工业化进程加速、燃油动力广泛应用及碳排放持续增加,引发酸雨、雾霾、全球变暖、海平面上升、温室效应加剧、城市热岛效应等全球性环境问题。在此背景下,发展电动汽车技术、探索清洁电力能源成为人类应对能源与环境双重挑战的重要方向。

1990 年,通用汽车在洛杉矶车展上发布了一款名为 Impact 的纯电动概念轿车,拉开了纯电动汽车再次觉醒的大幕。

进入 21 世纪,电池、电机、电控技术飞速进步。金属氧化物半导体、微型控制器、功率转换器的出现提高了电利用率;锂电池能量密度更高、循环寿命更长、充电速度更快;加上各国政府的政策支持与消费补贴,比如在中国,2016 年政府对消费者补贴超过 265 亿人民币,2021 年达到了 860 亿人民币;

欧洲国家的补贴从2020年开始猛增，增幅约为50%，2021年的补贴也达到了120亿美元，其中德国的政策支持力度最大；而美国政府2016—2022年对于电动汽车的消费补贴始终保持在20亿美元左右[①]……这些因素共同作用，推动纯电动汽车迅速进入高速发展期。

一方面表现为销量的快速增长。TrendForce数据显示，2022年全球新能源汽车（包含纯电动汽车、插电混合式电动汽车、氢燃料电池电动汽车）销售量约1065万辆，同比增长63.6%。其中，纯电动汽车（BEV）为789万辆，同比增长68.7%；插电混合式电动汽车（PHEV）为274万辆，同比增长50.8%，中国和西欧为两大主要市场。另一方面表现为各种新兴汽车品牌的快速崛起。“2022年，全球纯电动汽车品牌仍以特斯拉为首位，但其市占率下滑至16.6%；比亚迪在纯电动汽车领域的市占率则提高至11.5%。”与此同时，吉利、大众，以及众多造车新势力品牌在新能源电动化领域不断发力，持续在三电、续航和智能化等方面提升用户体验。

小米生态链新国货预测：“到2030年，全球电动汽车的存量将会在2亿～3.5亿辆之间，2030年全球销量将会在1800万～6500万辆之间，如果销售加权均价按目前的3.6万美元计算，到时的全球年销售额将在6480亿～2.34万亿美元之间。”这在目前及未来，都将是一个超级大市场。显而易见的是，面对“电动化浪潮的驱使之下燃油汽车时代已经接近尾声”的行业共识，以电池为核心的竞争正在刷新未来汽车竞争的新局面。

二、插电式混合动力汽车

插电式混合动力汽车（Plug-in Hybrid Electric Vehicle, PHEV）是一种既可以使用传统燃油驱动，又可以通过外接电源充电，利用电池储存的电能驱动电动机运转以推动汽车行驶。它结合了传统燃油汽车和纯电动汽车的优点，既解决了纯电动汽车的续航里程焦虑问题，又能在日常城市通勤中实现零排放行驶。

---

① 谷仓创业观察. 2030年规模超2万亿美元，全球电动汽车市场现状与趋势[EB/OL]. [2022-11-16]. https://baijiahao.baidu.com/s?id=174963492221241-3228&wfr=spider&for=pc.

近年来,随着电池技术的进步和消费者对环保出行的需求增加,插电式混合动力汽车的市场份额不断扩大。许多汽车制造商纷纷推出了各自的插电式混合动力车型,如比亚迪的DM-i系列、宝马的i3增程版等。其中,增程式电动汽车(Range-Extended Electric Vehicle, REEV)本质上属于PHEV的技术分支。它主要依靠电池储存的电能驱动电动机运转,当电池电量不足时,通过一台小型内燃机发电来为电池充电,从而延长车辆的续航里程。这种技术路线在一定程度上解决了消费者对纯电动汽车续航里程的担忧,同时也降低了对充电桩等基础设施的依赖。

以理想汽车为例,其推出的理想ONE和理想L系列车型,凭借增程式技术,实现了超过1 000 km的综合续航里程,受到了消费者的广泛关注和认可。这种车型在城市通勤时以纯电模式行驶,节能环保;在长途旅行时,又可以通过燃油发电,解决了续航里程的后顾之忧。随着技术的不断进步和市场的逐渐成熟,插电式混合动力汽车有望在未来汽车市场中占据更重要的地位。

三、混合动力汽车

混合动力汽车(Hybrid Electric Vehicle, HEV)是一种同时装备两种动力来源——热动力源(由传统的汽油机或者柴油机产生)和电动力源(由电池包和电动机产生)的汽车。它通过两种动力源的协同工作,实现了更高的燃油经济性和更低的尾气排放。

与插电式混合动力汽车不同,混合动力汽车的电池不能通过外接电源充电,而是通过发动机和制动回收系统来充电。这种技术路线的优势在于,它不需要改变消费者的使用习惯,也不依赖充电桩等基础设施。消费者可以像驾驶传统燃油汽车一样使用混合动力汽车,同时享受更低的油耗和更环保的出行方式。

丰田是混合动力汽车领域的先行者,其普锐斯系列车型自1997年推出以来,已经在全球范围内销售了数百万辆。普锐斯通过智能的混合动力系统,实现了发动机和电动机的无缝切换,在城市路况下以电动模式为主,降低了油耗和噪音;在高速路况下以发动机为主,保证了动力性能。此外,本田的i-MMD混合动力系统也具有较高的燃油经济性和良好的驾驶体验。随着消费者对环保出行的关注度不断提高,混合动力汽车的市场需求也在稳步增长。

四、氢燃料电池电动汽车

氢燃料电池电动汽车(Fuel Cell Electric Vehicle，FCEV)以氢气为燃料，通过氢燃料电池将化学能转化为电能，驱动电动机运转以推动汽车行驶。氢燃料电池电动汽车具有能量密度高、加氢时间短、零排放等优点，被认为是未来新能源汽车的重要发展方向之一。

氢燃料电池的原理是通过电池内部的化学反应——电解水的逆反应产生电能，进而驱动车辆运行。与锂电池相比，氢燃料电池电动汽车的续航能力更高，补能时间更短。相关资料显示，20 世纪 60 年代，燃料电池正式应用于航空航天领域，开启了燃料电池的现代发展史。1966 年，通用汽车公司生产出了世界上第一辆可使用的氢燃料电池电动汽车，该燃料电池汽车以厢式货车为基础，装载了最大功率为 150 kW 的燃料电池组，续航里程为 200 km。这个成功，引起日本、欧洲的许多政府、企业纷纷开始规模投入相关研发。

在国内，氢能源利用起步较晚，近年来提速较快——“2021 年 8 月及年底，北京、上海、广东和河南、河北，分两批通过氢燃料电池电动汽车示范应用城市群审批，标志着中国燃料电池汽车进入新的发展阶段。”随着顶层设计的陆续出台，以及示范应用城市群的带动，非示范应用城市也不断发力。然而，氢燃料电池电动汽车目前仍面临一些挑战，如制氢、运氢、储氢、加氢等一系列环节的成本居高不下。此外，加氢基础设施的建设也相对滞后，限制了氢燃料电池电动汽车的大规模推广。

尽管如此，氢燃料电池电动汽车的潜力巨大。一旦技术突破和成本降低，氢燃料电池电动汽车有望成为未来新能源汽车市场的重要组成部分，为实现碳中和目标做出重要贡献。

在新能源汽车的浪潮中，纯电动汽车(BEV)、插电式混合动力汽车(PHEV)以及氢燃料电池电动汽车(FCEV)作为当前的三大主流技术路线，各具特色且各有优势。纯电动汽车凭借其零排放、低噪音的特点，成为城市出行的理想选择；插电式混合动力汽车则通过结合燃油与电动两种动力源，有效解决了对续航里程的担忧；氢燃料电池电动汽车则以其高能量密度和快速加氢的特性，展现出巨大的发展潜力；而混合动力汽车虽并不属于我国明确界定的三大类新能源技术路线，但其无需外部充电，使用便捷，适合广泛的消费者群体。这些技术路线共同推动了新能源汽车市场的发展，并为全球汽车行业带来了深刻的变革。

在探索新能源汽车技术的道路上，气动汽车也曾经吸引了众多关注。气动汽车以压缩空气为动力源，具有节能、无污染、低成本等优点，理论上是一种极具潜力的清洁能源汽车。然而，目前气动汽车仍面临诸多挑战，如存在能量密度低、续航里程有限、加气设施不完善等技术难题，导致其尚未实现大规模商业化应用。尽管如此，气动汽车作为一种创新，为新能源汽车的发展提供了新的思路和方向。

我们能够预见，一旦一种能源，尤其是广泛的、清洁的、可以再生的、取之不尽的资源或能源完成技术攻关，成功转型为可以替代传统能源方式的汽车动力源，现有汽车车型就会被瞬间刷新。这里面潜藏着的一连串机遇无疑是革命性的、颠覆性的、重构性的。

第三节　新市场之机遇

这几年，国际国内的汽车市场正在形成一种共同的声音：中国在新能源及智能网联汽车上正引领全球汽车工业的变革。比如，美国《华尔街日报》网站 2017 年 10 月报道，“一场旨在控制机器人科学、医疗设备和人工智能等未来行业的大规模竞争已经展开。在新能源汽车领域，中国牢牢地掌握了主动权。”英国《金融时报》2023 年 12 月数据显示，中国动力电池全球装机量占比达 63.5％，欧洲车企 30％以上电动车型依赖中国供应链。据路透社 2024 年 1 月报道：“中国新能源汽车 2023 年产销分别达 958.7 万辆和 949.5 万辆，同比增长 35.8％和 37.9％，全球市场贡献率超 65％。”欧盟清洁技术监测中心于 2024 年 1 月发布消息：“中国新能源乘用车出口量达 177.3 万辆，是德国传统燃油汽车出口量的 1.8 倍”。

这些围绕当前汽车产业发展的报道与评说，正传递着新赛道、新消费、新市场的中国机遇及其背后的激烈竞争。

一、新赛道

实事求是地讲，尤其是站在当前回看 20 世纪末 21 世纪初，中国政府实施的关于新能源汽车的相关计划与行动，无疑是非常具有预判性、前瞻性、科学性的。比如国家高技术研究发展计划(863 计划)，“使我国的高技术研发水平和能力在整体上有了提高，为我国经济和社会向更高水平发展以及国防安全创造了条件。”比如 2001 年，科技部组织召开电动汽车重大专项可行性研究论证会，确立了“三纵三横”(燃料电池汽车、混合动力汽车、纯电动汽车三种整车技术为“三纵”，多能源动力总成系统、驱动电机、动力电池三种关键技术为“三横”)的研发布局。又比如，2010 年，财政部等部委联合发布通知，开始对私人购买新能源汽车进行补贴试点，并于 2013 年正式出台全国统一的补贴标准。再比如 2011 年，国家“十二五”规划提出，汽车行业要强化整车研发能力，实现关键零部件技术自主化，提高节能、环保和安全技术水平；要大力发展新能源汽车等战略性新兴产业。还比如习近平总书记于 2015 年 10 月在党的十八届五中全会上提出的新发展理念：创新、协调、绿色、开放、共享①。

这种预判性、前瞻性、科学性，对比着看，会更加清晰——特斯拉创立于 2003 年，其品牌命名初衷是纪念“交流电之父”尼古拉·特斯拉，所以有评论认为特斯拉的成立就是“为电而生”。2014 年 4 月 22 日，特斯拉正式进入中国，正得益于中国政府引入特斯拉这条“鲇鱼”——凭借着先进的电动汽车技术，特斯拉在国内市场不断搅动，这“更加激励了国内自主品牌要在新能源领域与其一争高下的决心”。这个过程中，有两股势力特别引人注目：

一股是造车新势力。有分析人士指出，造车新势力萌芽于 2014—2016 年，随着政府对新能源汽车补贴力度的持续加大与城市限号政策的实施，以蔚来、小鹏为代表的品牌开始兴起；探索于 2017—2018 年，2018 年是中国造车新势力的交付元年，蔚来、威马等行业内领先企业分别于 6 月和 9 月完成交付。同年 12 月，小鹏首款量产车 G3 上市，蔚来也在 12 月 15 日正式发布了第二款量产车 ES6。截至 2018 年底，造车新势力累计向市场实际交付投放 5

① 中共中央关于制定国民经济和社会发展第十三个五年规划的建议[J].求是，2015(22)：3-19.

款产品，形成了交付的第一波热潮。2020 年以来，造车新势力进入优胜劣汰阶段。蔚来汽车、小鹏汽车、理想汽车纷纷在美股上市，IPO 募资均超过 14 亿美元，而威马也完成了总额 100 亿元 D 轮融资，中国造车新势力头部四强格局基本形成。

一股是以比亚迪、吉利为代表的汽车企业。这里要重点讲一讲比亚迪。比亚迪成立于 1994 年，2008 年推出电动汽车，2010 年推出 e 平台，之后相继推出了秦、唐、宋等一系列的车型。根据 Clean Technica 公布的全球新能源乘用车销量，2022 年全球新能源乘用车累计销量为 1 009.12 万辆，其中比亚迪以 184.77 万辆的销量位列第一，而特斯拉则以 131.43 万辆的销量位列排行榜第二。按照王传福的预测分析，传统汽车行业的变革如果分上下半场，那么上半场是电动化，下半场是智能化。“在上半场的角逐中，比亚迪凭借着在电池、电机及电控领域的深厚积淀，在纯电及超级混动产品上游刃有余。”所以股票市场上有人说，比亚迪的产品业务大致相当于“特斯拉＋宁德时代＋英飞凌＋富士康＋宇通＋隆基股份”。对于智能化，有分析指出：比亚迪追上特斯拉，只差半个涨停和一个智能化。所以，从 2021 年开始，比亚迪先后投资了地平线，宣布与英伟达达成合作，与 Momenta 成立合资公司“迪派智行”，选定百度作为智能驾驶系统供应商等。

受益于国家政策规划，以及以上述两股势力为代表的中国企业的努力，十年来，中国新能源汽车技术不断进步，产销量一直保持超高速增长。而且，这种增长方式也在发生质的飞跃：从政策和市场双驱动转向以市场驱动为主的新发展阶段。

对于这次飞跃，复旦大学中国研究院院长张维为教授的一段点评极为到位：中国新能源汽车的崛起，创新体现在前瞻思维、技术路径的抉择以及大量技术的跨界应用，协调体现在政府与市场的良性互动以及充满活力的产业生态，绿色体现在落实国家“双碳”战略目标和推动新能源革命；开放体现在引进特斯拉公司同台竞争以及直接瞄准直至创立全新的中国标准；共享表现为较为合理的性价比和更好的客服体验等。

也正因此，中国电动汽车百人会理事长陈清泰在 2022 年 9 月举办的中国新能源汽车发展高层论坛上致辞时无比感叹：中国率先推进了新能源汽车产业化，换道先行，赢得了先发效应。

二、新消费

聚焦国内汽车消费市场的最新变化，数据印证产业升级趋势：据中国汽车工业协会统计，2023 年汽车类零售额达 5.3 万亿元，同比增长 4.1%，占社会消费品零售总额的 10.9%；2023 年全国汽车产销分别完成 3 016.1 万辆和 3 009.4 万辆，同比增长 11.6%和 12%。其中新能源汽车产销分别为 958.7 万辆和 949.5 万辆，同比增幅达 35.8%和 37.9%，渗透率突破 31.6%。2024 年 1—6 月最新数据显示，汽车类零售额已达 2.8 万亿元（同比增长 5.2%），占比提升至 11.3%。

让人震撼的还有另一组来自“一车”APP 的综合数据：“2015 年之前，中国品牌在国内乘用车市场上的份额一直低于 30%，2015 年的购置税优惠政策推动了汽车消费的整体增长，2016 年中国品牌紧凑型 SUV 异军突起，推动市场份额进一步走高。2024 年上半年更升至 56.2%。”①

这当然得益于技术创新，尤其是以新能源为代表的汽车企业通过技术创新不断提升竞争力，让中国从汽车大国迈向汽车强国。这也得益于党和政府的各种支持，比如为了恢复和扩大消费，全国各地依托各种节假日，密集发放消费券，其中汽车消费领域是重点。

这更得益于中国消费者的变化，即更年轻、更自信、更开放。

（1）更年轻。“80 后”“90 后”以及“Z 世代”当家做主的时代，意味着愿意也敢于尝试新鲜事物人群的到来。来自罗兰贝格的《汽车人群洞察与购车决策白皮书》也证实了这一点，年轻群体在消费心态上对于新鲜事物接受度的不断增强，对于汽车智能网联新技术有着更明显的偏好与更高的接受度。也因为年轻，他们对低碳、绿色、环保、节能等理念有着天然的偏好与热爱。正如麦肯锡关于中国汽车市场呈现的六大消费新特征所做的判断那样，“低碳汽车理念正逐步获得消费者认同，部分客群对低碳汽车的付费意愿较高，如高收入人群及环保主义者等，这也为车企投资并开发新能源汽车创造了较好的外部条件。”据中国汽车工业协会统计：2023 年，中国新能源汽车销售量达

① 一车 APP. 这十年，国内汽车消费发生翻天覆地变化[EB/OL]. [2022 - 10 - 17]. https://www.yoojia.com/article/9578251195914876340.html.

949.5 万辆,每销售 3 辆新车即有 1 辆是新能源汽车。

(2) 更自信。这种自信表现为对国产、国潮汽车品牌的认可程度越来越高,“尤其在新能源汽车领域,这种现象更加明显”。正如汽车之家研究院在《新能源车之中国品牌崛起——中国汽车消费趋势洞察》中指出的那样:汽车市场消费人群持续年轻化,新能源汽车“个性化”“颜值更高”的属性更契合年轻人关注点;汽车消费“她力量”崛起,女性用户持续增长,女性汽车消费者占比已经超越 30%,且潜在购车女性群体对新能源汽车的接受度高达 73%;中国新能源汽车在电动化与智能化技术方面累积深厚,具备先发优势;中国新能源品牌新车产品质量显著提升;“国潮”崛起刺激消费潜力,五大变革因素共同驱动了中国新能源品牌的崛起。

此长彼消,这种自信也表现为:长期以来,那种“我国消费者乐于为国际品牌支付更高溢价”的现象正在逐步消失。

(3) 更开放。中国消费者对汽车智能化、科技化属性日益看重,根据罗兰贝格的最新观察,“全球超过 50%的消费者相信能够在 2030 年前看到自动驾驶汽车在路上行驶,中国消费者中该比例更是高达 75%。”因为持有这种开放的心态,新一代消费者的消费关注正从家庭需求、用车成本、品牌形象三大考虑中走出来,向高科技化、高个性化、高颜值化迈进。与此同时,新的消费渠道、消费手段也在提档升级,正如 21 世纪新汽车研究院联合尼尔森推出的《2022 中国汽车消费趋势调查报告》指出:随着新能源渗透率的再度提升以及伴随的渠道变革,线上和线下的协同将愈加重要;再购行为中表现出较强的消费惯性和黏性,如新能源汽车用户更倾向未来再购新能源汽车,线上渠道购车用户再购也更倾向线上渠道;使用消费信贷的比例也逐渐走高。

当前,我国居民消费活力持续释放,消费结构不断升级。伴随着中国品牌车企紧抓新能源、新智能、新网联的发展机遇,加速推进汽车“新四化”转型升级,我们有理由相信,未来中国品牌汽车的品牌力、号召力、市占力还将持续提升。

三、新市场

我们这里讲的新市场主要指海外市场:在全世界百年造车历史中,中国一直扮演着“追随者”的角色,但是伴随汽车“新四化”的浪潮,中国有望在新

时代扮演“领导者”的角色。这句话不是空洞的理想主义，而是有着生动的数据支撑。

中国汽车工业协会数据显示，2022 年中国汽车出口量达 311.1 万辆，同比增长 54.4%。具体分车型看，乘用车出口 252.9 万辆，同比增长 56.7%；商用车出口 58.2 万辆，同比增长 44.9%；新能源汽车出口 67.9 万辆，同比增长 120%，占总出口量的 21.8%，成为中国汽车出口量增长的重要支柱之一。自 2021 年，中国汽车出口全年总量首次突破 200 万辆，打破之前在百万辆左右徘徊的局面，2022 年又首次达到 300 万辆，成功实现“三级跳”，实现了跨越式突破。同时，中国汽车出口均价也有所提升，达到 1.8 万美元(2021 年为 1.6 万美元)，其中纯电动汽车均价为 2.5 万美元。

近两年，在强大汽车供应链支持下，吉利、比亚迪、奇瑞等中国本土品牌加速崛起并向全球推广。以 2022 年为例，整车出口前十企业分别是上汽、奇瑞、特斯拉、长安、东风、吉利、长城、江汽、北汽和重汽。从出口量来看，上汽一骑绝尘，达 90.6 万辆；奇瑞位居第二；特斯拉位居第三。从增速来看，吉利出口 19.8 万辆，同比增长 72.4%；奇瑞出口 45.2 万辆，同比增长 67.7%。比亚迪虽然未进入年度前十，但从 2022 年下半年，开始在海外市场发力，先后进军荷兰、日本、德国、瑞典、泰国、印度、挪威等国市场，在全球范围内设立了 30 多个工业园，生产的新能源汽车足迹遍布 70 多个国家和地区，超过 400 个海外城市。2022 年 11 月、12 月比亚迪单月出口量均超过 1 万辆，全年累计出口新能源汽车近 5.6 万辆，同比增长 307.2%。

那么，中国汽车出海都去了哪儿呢？中国汽车工业协会整理自海关总署的数据显示，2022 年 1—11 月中国汽车出口量前十的国家为墨西哥、沙特阿拉伯、智利、比利时、澳大利亚、英国、菲律宾、俄罗斯、马来西亚和阿联酋。“运去哪”整理自中国海关、中国汽车工业协会、中国乘联会以及《环球时报》的数据也显示：亚洲、欧洲、南美洲是我国汽车主要出口区域。但亚洲、南美洲市场份额近两年有所回落，欧洲和北美发达市场的市场份额增长突出，正成为中国汽车出口的主要增量市场。而新能源汽车出口主要面向欧洲和亚洲两大市场，近期西欧市场表现较强，东南亚等市场持续高销量。

所以，有评论认为，“中国已经超过德国，正式成为全球第二大汽车出口国，并有望在未来几年赶超日本，跃居世界第一。”“中国新能源汽车产销量连续多年位居全球第一，进入全面市场化拓展期。”

根据麦肯锡的预测模型，“2021—2030年这10年内，全球乘用车总销量预计会达到8亿台左右，其中电动汽车的销量有望达到约2.2亿台。我国市场或将贡献近50%的电动汽车销量，10年内的电动汽车销售规模约1亿台。”

但是我们也要警惕：这个出海的过程中，必然也会有风浪、有逆流、有暗礁，一些国家对中国汽车出口持警惕姿态。正如《证券时报》列出的三个问题：“欧美工业强国全面进军新能源汽车领域，专利壁垒高筑，保护主义风气抬头；出口认证复杂，流程有待优化；物流成本较高，航运舱位紧张、运力失衡且周期长。”

国家市场监督管理总局披露的相关数据显示，截至2022年底，中国已累计召回汽车9578.7万辆、消费品9023.8万件。具体来看，2022年中国共实施汽车召回204次，涉及车辆448.8万辆，分别比上年降低12.4%和48.6%。其中，新能源汽车召回数量创历史新高，中国共实施新能源汽车召回47次，涉及车辆121.2万辆。远程升级（OTA）逐渐成为车辆安全改进的重要方式，2022年实施OTA召回17次，涉及车辆88.7万辆。对此，国家市场监管总局将推进深化产品安全监管创新、加强汽车产品召回监管、完善消费品召回管理运行机制、优化召回与质量提升联动机制等相关工作。

对于未来如何进一步推动中国汽车出口长足发展，本书认为，以下几条学界和业界建议非常值得重视，特陈如下：

清华大学车辆与运载学院教授、汽车产业与技术战略研究院院长赵福全建议：“缺芯是全球汽车行业的一个巨大挑战。表面上是芯片短缺的问题，实际上是国际经济形势下，汽车供应链体系面临重新布局、脱钩、断供等风险。”“供应链安全是确保产业持续、健康发展的关键，更是中国参与全球化竞争的最大挑战。”全国乘用车市场信息联席会秘书长崔东树建议：“一是要维持良好的外部关系和相对稳定的国际贸易秩序，能为中国汽车产业出海提供重要支撑；二是要稳定人民币汇率，对保持汽车出口平稳发展意义重大；三是要加大海外市场的本土化发展，多方合力为汽车出口营造稳定贸易环境。”奇瑞汽车董事长尹同跃建议：“一方面必须在质量安全、技术创新、体系建设等‘内功’上做深做实，不断打牢产业根基；另一方面要加快数字化、全球化发展，更高水平地参与全球竞争，不断向产业价值链高端攀升。”小鹏汽车董事长何小

鹏建议，“进一步完善法律法规体系，加快自动驾驶汽车相关立法，明确自动驾驶系统运行时的法律要求、产品准入要求、事故认定边界、产品责任等。”广汽集团总经理冯兴亚建议：“将自动驾驶汽车立法纳入下一个五年立法规划，并尽快成立专项立法工作组，探索制定自动驾驶汽车商业化运营专项法律，以助力我国汽车产业在全球信息化、智能化浪潮中抢占先机。”吉利控股集团董事长李书福建议，“完善碳市场管理运行机制，激活碳市场交易，充分发挥碳市场对碳减排的促进作用”。

第五章
极氪品牌全球化面临的问题

即便在产业格局剧变的当下，全球市场对中国汽车品牌仍存在“低端制造”的认知惯性。如何突破海外市场对“中国智造”的技术偏见，成为极氪全球化战略的核心命题。作为新能源领域的新锐力量，在品牌历史积淀有限、国际认知尚待提升的背景下，极氪如何在高度饱和的智能电动汽车赛道实现差异化突围？

第一节 缺乏必要的品牌沉淀

从极氪品牌创立(2021 年 3 月)到首款车型极氪 001 开启预售,仅仅用了 28 天。从极氪 001 立项发布到交付,只用了 1 年多时间。任何时候,产品只是企业走向市场的起点,品牌才是终点。前期缺乏必要的故事铺垫和品牌沉淀,让用户对品牌主张和品牌内涵缺乏深度理解,势必会影响其在市场上的竞争力。

一、极氪的诞生,来也匆匆

极氪的诞生可以用“横空出世”来形容。

2021 年 3 月 23 日,吉利汽车在其年度业绩发布会上宣布成立新的公司——极氪科技,打造智能电动汽车。2021 年 3 月 31 日,极氪科技发布了全新 LOGO,公布了首款车型 ZEEKR 001 量产车的“定妆照”。半个月后的 4 月 15 日,在杭州湾极氪智慧工厂,极氪举行了盛大的品牌发布会,并宣告“不做无聊的电动汽车”,要开拓智慧出行的第三条路。

这一套动作麻利且迅速,让圈内人看得直“蒙圈”。更令人惊讶的是,品牌发布时,极氪直接在现场公布了首款产品极氪 001 的售价,这在圈内可能还是第一次。以往新品牌发布新车的模式都是“品牌发布—产品揭秘—长周期的预热—实拍—预售—上市”,这一流程走下来,起码要一两年。极氪直接打破了行业传统范式,连预热都省了,上场直捣消费者最敏感的价格触点。

其实,在发布会之前,极氪 001 的身份是“领克 ZERO Concept”。2020 年 9 月,领克发布了 ZERO Concept 相关信息,彼时,“百公里加速 3.9 s,最大续航里程 700 km”的产品点吊足了消费者胃口。在 2021 年 4 月的战略调整中,ZERO Concept 从领克产品序列中实现战略剥离,成为独立品牌极氪旗下的车型,确实让人觉得有点“意外”。这速度和急迫性,甚至让外界揣度,极氪和极氪 001 是被“赶鸭上架”的品牌和产品。

吉利为什么要迅速推出极氪?或许我们可以从当时的汽车市场大背景里找到答案。

从2019年的前路漫漫，到2021年的方兴未艾，一夜之间，电动化和智能化汽车赛道变得拥挤不堪，各路玩家齐聚，大战一触即发。

一方面，特斯拉、蔚来、理想等月交付量持续攀升，股价也如火箭般节节上涨。另一方面，合资品牌终于坐不住了，不再执着于燃油领域，开始加码电动化布局。再观跨界造车企业，小米、百度、苹果、华为、恒大、索尼、创维等纷纷入局，都对新能源汽车这块“大蛋糕”蓄势待发。

而友商，比亚迪、长城、长安也势头正猛。2021年，比亚迪DM-i成为“香饽饽”，用户甚至直接问厂家“要车”；长城系遍地开花，魏牌祭出玛奇朵、拿铁等车型开启品牌向上；长安UNI系列全面进阶，阿维塔呼之欲出。外界热火朝天“掘金”电动化，这让“自主品牌领头羊”吉利倍感危机，不得不加快步伐。

于吉利自身而言，2020年至2021年也是非常重要的时间节点。吉利汽车相关负责人曾表示，2020年是吉利汽车“史上最困难的一年”，彼时，吉利汽车正处于从3.0时代转向4.0时代的过渡期，也是吉利朝着科技化方向全面转型的一年。而2021年是吉利4.0产品的发力之年。简而言之，能不能在新能源汽车赛道上抢占一席之地，2021年至关重要。

“蓝色吉利行动”没能如期完成，也是加速吉利推出极氪的原因之一。2015年底，吉利发布“蓝色吉利行动”计划，大举进军新能源汽车市场，但结果却并不及预期。从几何汽车到枫叶汽车，吉利在新能源汽车市场上的声量一直较为微弱。2021年2月，李书福在内部演讲中说道，“蓝色吉利行动”分为两个部分，“蓝色行动一”的重心是智能化节能与新能源汽车，吉利、领克品牌的新能源汽车未来主攻节能、插混、混动等领域。“蓝色行动二”是纯电汽车，由几何、极氪来承载。在纯电智能汽车竞争中，极氪扮演了冲锋陷阵的角色。

简单来说，极氪的“上马”既是形势所迫，也是大势所趋。

但作为吉利电动化时代的“先锋”，极氪似乎冲得太快了一些。通常打造一辆量产车，合资车企需要5年时间，本土车企需要3年时间。而极氪001从立项发布到交付，只用了1年多时间。由于前期未充分进行故事塑造与品牌积淀，极氪难以让用户深刻认知品牌理念与价值内核，这种认知断层不仅会降低品牌在市场中的辨识度，还可能制约其长期发展，削弱其在竞争激烈的市场环境中的生存与拓展能力。

二、极氪的重任，打造品牌

“忙”中一定会出错。极氪前期确实也引发了不少争议，比如极氪 001 车主权益补偿问题、删帖事件、涨价风波、停止接单风波等，这些风波的出现，或多或少都与品牌认知、品牌信任的建立有关系。

纵观整个商业世界，但凡成功的企业，前期都一定会为品牌注入故事，丰富内涵、增强信任。从 DR、野兽派、江小白，到小米、华为，再到汽车圈的 BBA、蔚小理等，无一例外。

喜欢听故事是人类的共性。在故事中注入强烈的情感色彩，能够迅速加深品牌与消费者之间的情感联结，同时能使传播内容更具说服力，在潜移默化中提升消费者对品牌的忠诚度，丰富品牌内涵。

以沃尔沃为例，从全球首个把三点式安全带作为标准配置的汽车厂商，到以各种碰撞测试、极限测试作为营销话题，再到成立生命奇迹俱乐部，沃尔沃始终讲好了“汽车安全故事”。

再以蔚来为例，作为汽车界的“海底捞”，蔚来讲好了“用户服务故事”。曾有车主表示，蔚来的服务好到“可怕”，体验过后，担心其服务成本过高，难以实现持续运营。

品牌打造并不是一朝一夕之功，而是厚积薄发的结果。

在新能源汽车市场，对于极氪这样成立不久的新品牌，虽然背靠吉利，但在新能源汽车赛道里，在用户看来，做过燃油汽车的品牌，电动汽车血统似乎没有那么纯正，所以吉利在燃油汽车领域积累的品牌好感度，并不能成为极氪的加分项。这也是为什么岚图、极狐、智己、飞凡等要独立运营的原因。

极氪方面曾多次表示，极氪源于 2014 年之前的电动化思考，是吉利酝酿了五年之久、面对未来智能电动化时代的产物。产品力方面，基于 SEA 浩瀚架构，极氪带来了极氪 001、009 以及极氪 X，无论是智能化体验，还是驾驶性能，极氪其实都做到了同级领先。

作为“用户型车企”，极氪也确实一直在极力向用户靠拢。吉利控股集团总裁安聪慧亲自掌管极氪，兼任极氪“首席用户体验官”，并且多次不遗余力地与用户面对面交流。极氪 001 也是用户共创的成果，从原型概念车到交付车，听取用户意见，进行了多达 342 项改进，相当于是一款共创产品。

极氪的努力，大家都看在眼里。但产品只是起点，品牌才是终点。因为，即使产品再领先，最后也会被追上；而品牌能够产生溢价，优化交易中的某些环节，解决交易中的某些问题。因为用户的信任和偏好不是沉浸于产品，而是关注品牌。品牌才是所有产品的归宿。

所以，在品牌沉淀上，极氪还有很长的路要走，将“用户体验”与企业基因深度绑定，这既是极氪必须为之奋斗的方向，也是极氪需要攀登的“高峰”。

第二节　中国品牌的历史包袱沉重

“回溯中国汽车工业的技术演进路径，2001—2010 年的逆向开发周期构成了特定发展阶段的共同特征。第三方调研数据显示，2023 年欧盟消费者对中国汽车品牌的品质认知度仍滞后于实际技术水平 12—18 个月（JATO Dynamics 报告）。极氪所承载的，不仅是单一品牌的价值突围，更肩负着通过 SEA-M 架构（专利授权量达 217 项）与 800 V 高压平台等原生技术体系，重构全球汽车产业对中国汽车工业创新能力的系统性认知。”

一、在“山寨”中前行的中国汽车

与欧美等发达国家相比，中国汽车工业起步相对较晚。20 世纪 40 至 50 年代，在中国马路上跑的汽车均由苏联引进，工艺流程由苏联设计，主要设备由苏联提供，连厂房设计也是由苏联方面承担的。1956 年 7 月 13 日，国产第一辆解放牌载货汽车驶下总装配生产线，这才结束了中国不能自己制造汽车的历史。

20 世纪 90 年代，以“市场换技术”的合资潮如火如荼。由于受到当时政治经济政策的限制，以及存在自身基础薄弱的现实因素，中国的汽车产业发展初期，势必会选择向汽车工业体系相对成熟的发达国家“取经”，“合资潮”兴起之后，中国汽车“模仿秀”正式登场，大批民营车企诞生。

1984 年，长城诞生；1997 年，奇瑞成立；1998 年，吉利正式推出第一款车型；2003 年，比亚迪进入汽车领域。如今的自主品牌四强——长安、长城、吉利、比亚迪的发家历史也要从“复制粘贴”说起。长城最早从模仿丰田海拉克斯起家，然后通过模仿丰田 4Runner 进入 SUV 领域。比亚迪的 F3 就是模仿的丰田花冠（现名为卡罗拉），比亚迪 S6 和雷克萨斯 RX 颇有渊源，比亚迪 e9 像奥迪 A6，长安逸动 PLUS 也有雷克萨斯 ES 的痕迹。

经历过大起大落的众泰汽车也是靠模仿名车而被广大消费者知晓的。众泰 SR9 模仿了保时捷 Macan，T600 模仿了奥迪 Q5，因为模仿能力太强，众泰还曾被冠上"保时泰"的称号，网友也给众泰出了一句流行语："开上保时泰，全村我最帅。"

可以说，在没有技术、没有经验的情况下，中国汽车工业是从模仿和借鉴中摸爬滚打起来的，这在当时是不得不用的"权宜之计"。但在很长一段时间里，部分中国自主品牌并没有"见好就收"，反而乐此不疲。可以说，几乎所有的中国自主品牌在起步时，都采用了模仿这一招。这种发展模式虽然在一定程度上推动了中国汽车工业的起步，但也为中国汽车品牌埋下了沉重的历史包袱。

二、抹不掉的刻板印象

执迷于模仿，也给中国汽车品牌乃至中国汽车工业带来了许多负面影响。例如，2003 年"国民神车"奇瑞 QQ 因为和雪佛兰乐驰相似而无法参加上海车展。前些年，因为没有拿得出手的核心技术和设计，中国自主品牌曾被汽车界的"奥运会"法兰克福车展拒之门外。后来，即便有个别自主品牌参展，在展位、曝光度等方面，依然能感受到一种明显的"歧视"。

更尴尬的是，在 2012 年初，风靡全球的汽车测评节目 *Top Gear* 直接疯狂抨击中国汽车产业的模仿现象，两位主持人在影片中不留任何情面地讥讽和挖苦中国汽车，甚至将几乎所有中国本土企业生产的汽车都说成是"山寨车"，且质量没有保障。

心理学上有个效应叫"刻板印象"，指人们对某个事物或物体形成的一种概括固定的看法，并把这种看法推而广之，认为这个事物或者整体都具有该特征。一旦这个印象形成，就很难改变。

在外国人眼里，走模仿路线的中国品牌直接等同于烂车。在国人眼里，中国自主品牌车型，完全拿不上台面。这样的"刻板印象"，对于中国自主品牌走向全球化是极为不利的。

即便如今，我国汽车产业愈发成熟，以吉利、长城、长安、比亚迪为代表的

中国自主品牌，智能化水平越来越高，技术越来越强，在某些关键技术上的实力甚至超过了主流合资品牌，但中国自主品牌在海外市场的接受度并不高，依然没有完全摆脱“山寨车”和“低价车”的形象。

对于“后起之秀”极氪而言，顶着中国品牌的历史包袱去开拓全球化市场，势必会面临巨大压力和诸多挑战，如何打破国外市场对“中国制造”的偏见，将新技术、新产品输向全球，这是极氪必须面对且必须走好的关键一步。

三、极氪品牌的破局之道

极氪作为中国新能源汽车的新生力量，站在了中国汽车工业发展的新起点上。它继承了中国汽车工业几十年来积累的技术与经验，同时也肩负着改变全球市场对中国品牌认知的重任。极氪品牌所面临的困境，实际上是中国品牌在全球化进程中普遍面临的困境的缩影。这种困境并非不可逾越，而是需要时间和策略来逐步化解。

首先，极氪品牌必须认识到，尽管历史包袱沉重，但它并非孤立无援。中国汽车工业的发展历程为极氪提供了宝贵的经验和教训。从早期的模仿到如今的自主创新，中国汽车品牌已经在技术、设计和品牌建设等方面取得了显著进步。极氪所依托的吉利控股集团，更是中国汽车工业的佼佼者，其在技术研发、市场拓展和国际合作方面的成功经验，为极氪提供了坚实的基础。极氪可以借鉴这些经验，避免重蹈覆辙，走出一条属于自己的全球化道路。

其次，极氪品牌所面临的挑战，也是其成长的机遇。在全球汽车产业向新能源转型的浪潮中，极氪凭借其在新能源技术和智能化领域的创新，已经展现出与众不同的竞争力。极氪的车型不仅在性能和设计上得到了市场的认可，更在用户体验和品牌价值上不断突破。这种突破正是极氪打破历史包袱的关键所在。通过持续的技术创新和品牌建设，极氪有望在全球市场中树立起中国新能源汽车的新形象。

最后，极氪品牌的全球化之路并非一帆风顺，但其前景充满希望。随着全球对新能源汽车的需求不断增加，极氪所处的赛道充满了机遇。极氪需要在技术创新、用户体验和品牌传播等方面持续发力，以改变全球市场对中国品牌的刻板印象。这一过程需要时间，也需要策略，但极氪已经迈出了坚实的一步。

在本书的第八章,我们将深入探讨极氪品牌如何在全球化战略中突破历史包袱,实现品牌价值的提升。我们将从技术创新、用户体验、品牌传播和国际合作等多个维度,分析极氪如何在全球市场中树立起高端、创新、可靠的品牌形象。我们相信,凭借其在新能源领域的技术优势和对中国市场的深刻理解,极氪品牌有望在全球化进程中脱颖而出,成为中国新能源汽车走向世界的一张亮丽名片。

在此,我们对极氪品牌充满期待。极氪不仅承载着中国汽车工业的希望,更肩负着改变全球市场对中国品牌认知的使命。我们相信,极氪能够在全球化浪潮中乘风破浪,以创新和实力打破历史包袱的束缚,为中国品牌在全球市场赢得尊重。极氪的未来,值得我们共同期待。

第三节　市场认知度不足

在市场竞争中,一定要让用户知道你是什么角色。不是你自己认为你是什么,而是用户心目中把你当成什么①。有观点甚至认为,市场认知度决定企业的前程。认知度与销量呈正相关,高认知度势必会带来销量的增长、业绩的提升。

一、极氪目前市占率较低

2022 年是新能源汽车爆发式增长的一年。相关数据显示,2022 年新能源汽车产销分别为 705.8 万辆和 688.7 万辆,同比分别增长 96.9%和 93.4%。其中,纯电动汽车销量 536.5 万辆,同比增长 81.6%;插电式混动汽车销量 151.8 万辆,同比增长 1.5 倍。

虽然面临消费疲软、芯片恐慌以及市场多重不确定因素,但在新能源汽车领域,市场结构已然慢慢固化,头部领跑者已经形成了“两超多强”格局。“两超”是指比亚迪与特斯拉。“多强”指蔚来、小鹏、理想等造车新势力,以及

① 易芳,苏珍珍.“市场认知度决定前程”:访连云港鹰游纺机有限责任公司总经理迟玉斌[J].中国纺织,2014(01):20-21.

埃安、问界等传统自主品牌孵化出的独立新能源车企。

从销量来看，比亚迪是最大赢家，2024年全年累计销量为427.21万辆，同比增长41.26%，其中多款车型，如比亚迪宋、比亚迪秦、比亚迪唐、比亚迪海豚、比亚迪汉、元PLUS等均是细分市场的销量冠军。不得不说，自从比亚迪高调宣布全面退出燃油汽车市场以来，其发展态势一路高歌猛进，这一迅猛的增长速度令众多其他品牌难以企及。

"蔚小理"也实现了不同程度的增长。蔚来2024年交付量为22.2万辆，同比增长38.7%。小鹏2024年交付新车19.01万辆，较2023年增长约34.2%。理想汽车在2024年共交付了50.05万辆汽车，同比增长33.1%。极氪2024年交付量为22.21辆，同比增长87%。

相比之下，极氪的销量仅是比亚迪的零头，和"蔚小理"相比也存在一定差距。极氪22.21万辆的销量，市场占有率仅为0.85%，如此占比势必会影响其在市场上的认知度。

二、极氪的产品种类不够丰富

当然，产品种类也是影响其销量乃至市场认知度的因素之一。目前，蔚来有7款在售车型，价格集中在30万～70万元。小鹏旗下有包括G9、P7i在内的6款车型，主攻30万元内价格区间，曾经靠大单品理想ONE赚得盆满钵满的理想，如今也玩起了"套壳"模式，拿出来L7、L8、L9等车型。

极氪方面，推出极氪001之后，2022年8月，上市了极氪009，但作为一款纯电MPV，这一市场本就体量不大，再加上红旗HS9、腾势D9、岚图梦想家等"群狼环伺"，极氪009并没有抢到先发优势。定价在20万元以内的走量车型极氪X 2023年上海车展上市，但此时紧凑型纯电SUV市场早已成为"红海"。截至2025年3月，极氪有5款车型，提供给消费者的选择还不够丰富，这势必会影响市场销量。

三、极氪的营销不够聚焦

埋头做产品，抬头做营销。事实也确实如此，酒香也怕巷子深。有好的产品，也要有好的营销。营销是一家企业最容易被用户看到的动作之一。

好的营销具有聚光灯的作用。纵观汽车圈当下营销最成功的品牌，蔚来一定是其一。从诞生之初，蔚来就以用户服务为切入点，重新定义用户体验，革新了汽车行业的商业模式。

在蔚来的体系规划中，用户是根，围绕用户延伸出了四个支点，分别包括车辆、场所（蔚来空间、蔚来中心）、APP（线上社区等）、Fellow（伙伴）。就像海底捞卖的不是火锅是服务、星巴克卖的不是咖啡是休闲一样，蔚来卖的不是车是品质生活。

在以用户为核心的模式下，蔚来也形成了非常成熟的"涟漪模式"，即用户推荐。之前有数据显示，蔚来车主人均购车 1.3 辆，订单有 60%源于老用户推荐，最可怕的是，有老用户甚至一年推荐了 90 多名新用户购车。

可以说，在蔚来之前，中国传统车企的营销大多是漏斗式，品牌曝光—用户了解—形成好感—最终购买，一层层依靠营销漏斗往下筛，侧重点在用户从关注到成交这个过程。蔚来反其道而行之，先做好服务，让用户满意，依靠老用户推荐新用户了解品牌，以口碑带动销量。它的侧重点是老用户满意到推荐给新用户这个过程。

如今，只要说到蔚来，用户脑中自然而然会蹦出几个关键词——"用户服务做得好""用户模式""用户型车企"。蔚来成功地让用户建立了"极致用户服务＝蔚来"的心理认知。

小鹏的科技营销和欧拉的女性营销也是成功的范本。有互联网基因做背书的小鹏，一直聚焦智能驾驶，始终主打智能科技，让人印象深刻。而欧拉则更为极致，直接是全球唯一一个旗帜鲜明地喊出"女性造车"的品牌，围绕女性开展了一系列营销，可谓真正抓住了女性的用车需求。

再看极氪，极氪的定位和蔚来相似，都是用户品牌。在用户服务上，极氪确实比传统车企有了质的飞跃。采用直营模式，听取用户意见改进产品，打造集购车、休闲、娱乐于一体的潮流打卡地——极氪空间，与用户共创充电站，这些都是极氪对"用户品牌"的诠释和呈现。

极氪也曾表示，以纯粹的用户思维创造超越用户期待的体验，才是塑造市场标杆的关键。但定位为用户车企，主打用户服务，其实并不是什么新概念，再加上在用户的认知里，"用户服务"已与蔚来深深绑定，想要改变用户认知非常难。

因为认知是用户根据已经存在在自己脑海中的东西，对某种现象/事物

做出的理性或感性的判断。当某个品牌开创了某个品类市场时，就很容易抢占用户认知，并在潜移默化中影响用户的购买决策。但如果其他品牌想挤进去，势必要付出无数努力。

四、极氪的打法：差异化竞争

正如“定位之父”——世界营销大师艾·里斯所言，“市场营销不是产品之争，而是认知之争”。

在电动化浪潮中，极氪踩准了点，把握住了新品类的机会。然而，在不少业内人士看来，极氪却陷入了过于小众的误区。极氪 001 的外观走的是猎装轿跑风，极氪 009 的外观造型很方正且非常大胆，甚至被认为是国内目前为止外观最有争议的 MPV 车型。小众化的设计或许会吸引部分个性化的年轻人，但恐难以契合市场主流人群的需求。

市场认知不足，对一个品牌而言，可以说是“致命”的伤害。当下，如果消费者想买一台新能源汽车，他首先会想到的品牌多半是比亚迪、特斯拉、蔚小理等，绝对不会考虑去买一台传统车企旗下的新能源产品。这就意味着，一旦你的品牌没有在消费者的“心智库”里，你的产品根本不会进入他们的考虑清单。

怎么突破市场认知？可找到市场缝隙，然后坚持做难而正确的事，长成参天大树。

现阶段，极氪最明智的打法是差异化竞争。在现有定位基础上，深耕细分赛道，用已有的产品去占领用户的认知空白。差异不仅体现在车辆上，而且体现在价格上，适当避开强大对手。然后，借助立体化的、多维度的多元化营销玩法，扩大品牌认知的广度，在迎合用户需求之余，抢占用户心智。

第四节　国内市场内卷化严重

中国既是全球最大的汽车消费市场，也是品牌以及车型分类最多的单体市场。电动化在中国车市掀起的转型巨浪，经由数年的裂变，如今已变得异常迅猛。也正是借由电动化和智能化这一风口，造车新势力站稳了脚跟，自主品牌集体攻进合资阵营,二线合资品牌(如起亚、现代、标致等)逐渐被边缘化,丰田、大众、本田等传统巨头瑟瑟发抖,连昔日傲慢的豪华品牌也不得不加快电动化布局。

如今,新能源汽车赛道上被明显划分出三股势力:①以特斯拉和蔚小理为代表,没有造车经验的新势力。②以比亚迪、长城、吉利、广汽、上汽、东风为代表的传统势力。③以BBA、南北大众、上汽通用为代表的合资势力。三股势力你方唱罢我登场,不管是暗地里较劲,还是明面上喊话,火药味十足。

久别重逢后的2023上海车展,就是汽车行业的"大型修罗场"。从展会规模看,总展出面积超过36万平方米,吸引了海内外1 000余家主流汽车品牌参与,展车累计超过1 500台,其中有150余台新车首发。这些新车中有约三分之二的车型为新能源汽车。

不管是想弯道超车,还是想奋力一搏,抑或想垂死挣扎,无论是出于什么目的,车企都拿出了自己的态度,用新产品、新技术、新战略甚至新生态"卷"向新赛道。

汽车圈一直有一种说法,得中级车者得天下。过去几十年,中级车市场一直被德系双雄和日系三强所占据。而今天,中级车用25万元级或者20万~30万元级来表述似乎更合适。在这一市场区间内,除了传统老牌日系和德系带来的迈腾、帕萨特、雅阁、凯美瑞等车型外,还有豪华品牌,如宝马三系、奥迪A4、奔驰C级等,也不乏特斯拉Model 3、蔚来ET5等新势力,更有销量一路领先的比亚迪汉等传统车企的新能源车型。这种内卷所造成的已不是"红海",而是"血海"。

一种更有意思的现象是,以往大家都集中在轿车、SUV领域"卷",如今更小众化的市场(如皮卡、越野)也开始全面"带电",如吉利的雷达、宝骏的悦也两门皮卡版、长城炮的六轮全尺寸皮卡CYBERP!CKUP,"电"的触角已经伸向汽车行业的各个细分领域。

如果剖开来看这场车企内卷大战,便会发现内卷的方向已从最初的外观、内饰、动力,拓展至车机、座舱、自动驾驶、泊车技术和服务等各个方面。为抢占市场,部分车企甚至失去理性,不惜采用"杀敌一千自损八百"的价格战策略。2023年初那场来势汹汹的降价潮,让众多车企遭受重创。

一、卷价格：没有最低，只有更低

在2023年第二十届上海车展上，好几个二线合资品牌都发布了全新低价油车。这要是在以前，可能会卖到15万元左右，而现在连10万元都不到。毕竟，中国市场今非昔比。值得一提的是，比亚迪秦PLUS DM-i已降到9.98万元，这对传统合资A级家轿而言，无疑是重创。在外界看来，这是燃油和插混之争的转折点。

前不久，别克旗下奥特能超级平台的首款产品，4.9 m长中型SUV——别克E5硬是把起售价定在20.89万元，而且配置拉满的两驱长续航顶配也不过23.99万元。这操作真的是没有最低，只有更低。

当然，要论“卷”，中国品牌最有发言权。5 m车长、3 m轴距、1.98 m^2穹顶天幕、巴赫座舱、43英寸宽幅真彩三联屏和后排8英寸娱乐影音屏、稳定的运动学底盘，95%综合隔振率，全球首个智能晕车舒缓系统，这样一台兼具豪华性和舒适性的中级轿车——飞凡F7居然只要20.99万元起，不知道卷飞了多少友商。

以前，跑车和性能车都是有钱人的“快乐”。如今，年轻人也能触及这种快乐。2023年4月，双门四座电动跑车——哪吒GT上市，百公里加速3.7 s，价格只要17.88万元。MG黑标首款车型MG7，百公里加速6.5 s，配E-LSD电子限滑差速器、MCDC智能可调电控悬架，还有可以收纳的自适应三段式电动后扰流板，运动性能和配置拉满的它，指导价在11.98万～16.98万元，这真的让人心情复杂。

在以价格策略狙击合资品牌方面，自主品牌在10万～15万元区间表现得极为出色，合资品牌仍聚焦于布局小型SUV产品，而自主品牌已经直接推出A级甚至A+级SUV，更为突出的是，当下自主品牌还在为全新的A级SUV搭载插混系统，在这一价格区间，对合资品牌形成了显著优势。

燃油汽车之间的竞争、新能源汽车之间的较量，或许尚在人们的预期之中。然而，当下各大汽车厂商与主流合资品牌纷纷入局，已经开启油电同价的市场新局面，汽车行业竞争的下半场早已在悄然间拉开帷幕。此前，东风日产已经内部商议，如果不能率先推行“油电同价”策略，那么奇骏将错失在中国市场的关键发展机遇。

二、卷技术：核心技术才是壁垒

近10年来，中国自主品牌发展迅速，但没有一家可以维持七八年的增长周期。从2003年的奇瑞QQ到2009年的吉利帝豪和比亚迪F3，再到2012年的哈弗H6和长安CS35＋逸动。2015年换成了吉利博越＋博瑞，2021年比亚迪DM－i混动技术推动全系爆发。这些品牌的"上位"基本依靠两三款热销产品，热销时间最多也只能维持三四年。

好在，自主品牌都深刻意识到一个问题：没有核心技术支撑，能"爆"只是一时。在新一轮的内卷中，各大车企都拿出了看家本领。吉利推出了雷神混动，长安推出了蓝鲸iDD混动架构，长城推出了柠檬混动DHT，奇瑞打造了新一代鲲鹏超性能电混C－DM，比亚迪更不用说，依靠DM－i超级混动系统大杀四方，零跑、深蓝、问界选择走增程路线。

合资品牌也在奋力直追。东风日产引入两大核心电驱技术——第二代e－POWER以及e－4ORCE雪狐电四驱，未来将应用于奇骏车型。广汽丰田为锋兰达配备了第五代THS混动系统，东风本田则推出e：PHEV强电智混等，各合资品牌均呈现出"人无我有，人有我优"的竞争态势。

在新能源赛道实现领跑的比亚迪，拿出了更强大的技术，仰望U8在云辇－P技术加持之下，提供四轮独立电机和姿态控制模块，可实现原地调头、1.5 m的安全跌落以及冰雪定圆，甚至爆胎继续行驶等功能，其百公里加速可达3秒级。

作为最懂女性的汽车品牌，欧拉甚至很极端地打造了一个1 080°女性安全架构，搭载这项技术的车型——2023款欧拉芭蕾猫，新增乘风破浪模式2.0、热泵空调、V2L对外放电系统等22项配置，这些专为女性设计的功能确实很贴心。

这种以用户思维驱动技术研发的逻辑，同样体现在车企对电动化核心痛点的解决上。电动化时代，充电和续航问题一直是用户的痛点。如何解决这个问题，车企给出了两个方向。

一是研发密度更大、稳定性更好的电池，比如业内众所周知的比亚迪刀片电池，以及"针刺不起火"的广汽埃安的弹匣电池；吉利新型神盾电池也在中汽中心以超过行业标准的成绩通过四项试验，已搭载在吉利银河L7上。

二是聚焦充电方向，加快充电效率。因为，在纯电线路上，目前各大车企在电驱动总成和 400 V 技术上都很接近，接下来新一轮的竞争，自然是比拼谁投入高压纯电平台更快、谁能自主研发碳化硅元件、谁的高压超充网络可快速铺设。

2022 年上市的小鹏 G9，就是国内首个搭载 800 V 碳化硅高压平台的车型，配合小鹏 S4 超快充桩，可实现充电 5 min 增加续航 200 km，从 10%充至 80%仅需 15 min，已经非常接近燃油汽车的加油时间。

目前，比亚迪、理想等也都完成了 800 V 高压平台的布局。长安阿维塔使用的是 750 V 架构，广汽、长城等车企也在做新的 800 V 平台。2023 年，合创汽车发布了旗下首款全新纯电旗舰 MPV 车型 V09 的新车内饰，它应该是首款标配 800 V 高压系统的量产 MPV，可实现充电 5 min，续航增加 200 km。极氪在这方面也不示弱，积极推动 800 V 高压平台的技术研发。

毫无疑问，技术是车企的护城河之一。如果没有把关键技术掌握在自己手中，未能在关键环节实现“快人一步”，便难以在中国新能源市场站稳脚跟。

三、卷服务：从卖方市场到买方市场

只要买车，就为用户专门建一个一站式管家服务群，里面有销售顾问、金融顾问、维修工程师、售后总监等，他们都多对一为用户服务，随时响应用户需求。只要用户买车，赠送终生免费质保、终生免费车机流量。只要用户买车，不用担心保值率问题，因为有保值回购。只要用户买车，15 天内不满意，还可以全额退款。只要用户买车，不用担心买贵，因为有保价服务，可以像淘宝一样，买贵退差价。

10 年前，你能想象到今天的汽车售后服务能做得如此细致吗？从卖方市场到买方市场，从增量市场到存量市场，中国车主的身份发生了翻天覆地的变化。

前几年，威马、云度、蔚来、北汽新能源以及日产等，打响了“保值回购”第一枪之后，各大品牌跟进，“2 年 7 折保值回购”“3 年 8 折回购”“3 年 6 折回购”“终身免费基础保养”“电池免费终身质保”等字样屡见报端。究其原因，无外乎想让用户安心购车、放心选择。2023 年初，欧尚 Z6 智电 iDD 推出行业首个电混双驱终身质保政策，政策承诺：电混双驱，包括发动机、变速器、三电系统等动力系统核心零部件终身质保。之后，各大车企也纷纷跟进。

不同于传统销售时代的一锤子买卖，现在，车企必须通过各种方式塑造产品口碑，提高用户黏性，能将老车主汇合到一起，同时吸引潜在用户聚集的APP，成了车企的标配。APP的服务其实有功能和社交两种属性。一方面，车主可以通过APP实现车辆远程操控、车辆状态查询、加电、售后服务等各种辅助用车功能；另一方面，车主能在APP上购买周边产品、分享用车感受和日常生活等，相当于多了一个生活圈和交友圈。

为了与用户建立更紧密的联系，不少品牌还携手用户推出了共创活动、共创车型等，试图与车主玩到一起。

但一味“以用户为中心”也出现了一些“畸形”生态。2023年初，由特斯拉掀起的新能源汽车降价潮，让其他品牌不得不跟降。但大部分品牌出现了老车主集体维权现象，车主自嘲“自己被割了韭菜”，以至于很多品牌不得不出台各种老车主补偿措施。

其实，作为大宗消费品，汽车市场价格有所波动很正常，尤其是在直营模式下，厂家直接提供统一价格和统一服务，根据上游产业链以及市场变动调整价格非常合理。如果被“用户至上”绑架，出现用户主导市场的局面，反而是市场发展不成熟的表现。

四、卷配置:配置堆料层出不穷

在供过于求的当下，为了提升销量，车企不仅降低了预期售价，还大力优化配置。相比动力、操控、安全等看不见的品质，配置上的升级最容易被消费者感知。

升级配置表现如下：2023年，售价10.99万元起的全新一代追风/PHEV，全系标配行业车机天花板级别的高通骁龙8155芯片＋Lion雄狮智云5.0系统的黄金组合。同样，10万元级SUV博越COOL，车机均标配的8155芯片。而L2级辅助驾驶系统已在多款10万元级车型上搭载。

铝合金底盘，以往是百万元级豪车才有的配置，直接被问界M5、M9把价格“打了下来”，不仅有铝合金底盘，M9还全系标配空气弹簧及CDC减振系统。传祺E9在智能泊车方面亮点纷呈，比如搭载记忆泊车功能，可实现远距离、跨楼层、蛇形弯等多种高难度精准泊车。

2022年起，大屏之风迅速蔓延。继理想ONE率先实现三联屏的量产后，理想对车内屏幕又进一步升级。理想L9共搭载了5块屏幕，包括抬头HUD+方向盘仪表屏、中控副驾双联屏和一块15.7英寸后排OLED娱乐屏。飞凡R7以一块43英寸的宽幅真彩三联屏，创下了当时中国品牌最大尺寸的车载三联屏的纪录。奔驰等豪华品牌也不示弱，EQS车内搭载了一块长达1.41 m的长屏。

像跑车一样，在“门”上花心思的车企也不在少数。小鹏P7鹏翼版的“鹏翼门”，昊铂GT的旋翼门，奕炫MAX暗夜版的“剪刀门”、MGCyberster的三色轮毂+剪刀门。这些炫酷的配置确实成功地吸引了年轻人的注意力，进一步降低了年轻人开跑车的门槛。

不把鸡蛋放在一个篮子里，尽可能多分化出几个新能源汽车品牌，参与市场角逐，这也是车企内卷的方向。比亚迪的腾势、仰望，长安的深蓝、阿维塔，长城的欧拉、机甲龙，吉利的几何、银河和极氪等，提前插旗占地，把摊子铺开，这似乎是中国自主品牌之间的“默契”。

当然，卷的背后是焦虑和不安。因为没有人知道新能源汽车赛道的这场喧嚣会持续多久。在这个急剧变化的市场，或许快才是破题关键。举一个简单的例子，如果你的产品不在第一时间告知消费者，没有第一时间留住潜在客户，接下来，一旦有任何更有吸引力的产品、定价出现，你就失去了先发优势，面临潜在客户流失的风险。

燃油、纯电、增程、氢燃料、混动，油电同价、智能驾驶、智能座舱、8155芯片等，理想汽车CEO李想在微博上表示：“智能电动车的三年淘汰赛(2023—2025年)，技术、产品、交付三大综合能力往死里卷!”

在这场踩踏式的内卷里，极氪如何破局？答案或许在极氪X身上。

极氪001虽然上市后口碑不错，月销近万辆，但面对2023年如此剧烈的价格战和更多新产品入局高端细分市场，上市2年的极氪001竞争力在逐渐下降。作为一款高端纯电MPV，极氪009从上市到交付，仅用了76天，创造了中国豪华纯电品牌交付速度纪录，但这个细分市场过于顶尖和小众，走量显然不现实。因此，重任落到了极氪X身上。对标宝马X1的极氪X，上市当晚把价格压到了20万元以内，3 s级的纯电紧凑小钢炮，拥有24.3 in(1 in=2.54 cm)的AR-HUD、雅马哈音响、同级独有无门把手车门、可制冷−15 ℃

的车载冰箱、无边框后视镜、无框车门等亮点配置。据悉,极氪 X 配备了超 100 项的全系标准配置。

与传统 BBA 相比,价格低了,产品力也提升了无数倍。极氪 X 试图通过这样的价格门槛与产品配置来突出越级产品力,从而形成更大竞争优势,占据更多市场份额。但面对同样来势汹汹的大众 ID3、特斯拉、比亚迪元 PLUS 等劲敌,这位 20 万元级纯电动汽车新卷王是否能迎来爆发式销售,只有等待市场给出答案!

第六章
极氪品牌的内生优势

“创二代”极氪站在巨人的肩膀上——“富爸爸”吉利近40年来积累的深厚产业基础和全球全产业链朋友圈，让极氪的体系力和技术实力与生俱来，并得以快速增长。极氪本身在架构与商业模式上还趋向于新势力，这让它在面对各种复杂问题时，无论是决策速度还是执行力度都能高效保证。

第一节　“极氪模式”的进化力

浙江极氪智能科技有限公司成立于2021年3月，一个月后的2021年4月即发布旗下首款产品极氪001。

2022年10月1日，极氪公布的月度交付数据显示，9月极氪001共交付8 276辆，累计交付45 481辆。对此，有评论大为惊叹：“回想起去年10月下旬从零开始交付的场景，恐怕没人能预料到极氪从零到4万的累积用时还不到一年。”①

也是在这个关键节点——2022年9月14日，极氪CEO安聪慧先生为全体极氪人写了一封内部信：《甩开脚步，冲刺2022！——写在极氪001交付突破4万辆的当下》。在这封落款为聪聪（安聪慧自称）的信件中，在“中国品牌30万以上豪华纯电车型月销冠军”的后面，聪聪信心十足地热情提出：一个“深厚的造车底蕴＋可持续迭代的智能进化，才是智能电动时代的可持续发展模式——这就是‘极氪模式’的核心优势”。“极氪模式”从此跃上热词。

其间，以“深厚的造车底蕴＋可持续迭代的智能进化”为代表的核心优势，被众多行业观察者誉为“两张王牌”。

一、深厚的造车底蕴

深厚的造车底蕴是“极氪的成长基石，直接促成极氪001交付量和订单量的稳步向好和持续提速”。

吉利控股集团近40年来积累的深厚产业基础和全球优势资源的全面赋能，构建了完整的纯电智能科技生态体系——纵观吉利汽车产业链，PSA、CMA、BMA、SEA等模块化智能架构相继问世，助力吉利成就霸主地位。作为吉利历时5年，耗资200亿打造，被称为全球最大带宽的智能纯电进化体验架构的SEA浩瀚架构，可以说是为电动化与智能化产品的再生与迭代按下了

---

① 聪聪的内部信，让人看到了极氪持续进化的力量[EB/OL].[2022－09－17]. https://news.qq.com/rain/a/20220917a08sy400.

前所未有的加速键。

该平台从智能电动时代用户的出行体验出发，以硬件层、系统层和生态层，构成硬件能力＋系统算力＋生态合力，是目前最高效的智能电动汽车解决方案。这个架构，有人说像一片片肥沃的土壤，有人说像一只只“伟大的母鸡”，结果都是相同的：让吉利旗下各个品牌迅速拥有了庞大的产品矩阵及领先技术。

作为诞生在吉利控股集团巅峰时期的高端电动汽车品牌，极氪自出生之日起便凝结了吉利的深厚产业基础和全球优势。采用SEA浩瀚架构，配合极氪拥有的包括软件、新能源等领域在内的数千人的研发团队，海内外研发中心以及浙江首批“未来工厂”，这些都催生了一款在性能、智能驾驶、智能座舱以及智能驱动几个方面均广受好评的极氪001，并构建了无限互动延展的未来出行体系。也因为此，“华尔街见闻”评论道：作为SEA浩瀚架构的第一款产品，极氪001也由此成为同级最具竞争力的稀缺品。

至此，我们才会更有理由认同：吉利科技生态的硬实力，加上用户型企业的软实力，让极氪的进化因多元的创造力而持续发生，这也是极氪的核心竞争力。

二、可持续迭代的智能进化

可持续迭代的智能进化是极氪的增速助推剂。

在SEA浩瀚架构的可进化属性赋能下，极氪旗下首款车型极氪001展示出非同一般的可进化能力。2021年末至2022年初，极氪基于用户反馈进行了3次OTA升级，完成了达500多项的优化。

2021年11月5日，ZEEKR OS 1.0.2版本正式推送，涉及12个ECU单元，完成了25项用户体验改善。

2021年11月30日，ZEEKR OS 1.0.4版本正式推送，涉及13个ECU单元，完成了87项用户体验改善。

2022年2月21日，ZEEKR OS 1.1.1版本正式推送，是极氪001首次大版本OTA升级，涉及34个整车ECU单元，完成了220余项用户体验改善，新增闭锁自动升窗功能、APP远程除霜、自动门手动控制切换等25项功能。

2022年3月23日，ZEEKR OS 2.0正式推送，涉及33个ECU单元，完

成 59 项功能改善，新增了包括 ACCQA 带排队功能的自适应巡航、AEB 前向碰撞减缓、LDW 车道偏离预警以及 FCTA 前方交叉路口来车预警等首批 ZEEKR AD 智能驾驶辅助系统功能。

2022 年 7 月 11 日，极氪 001 正式搭载高通 8155 智能座舱计算平台，新老用户全部免费升级，同时 ZEEKR OS 3.0 正式发布，并在 7 月 19 日开启全量推送，覆盖座舱、智驾、底盘和车身四大领域，涉及 25 个 ECU 单元，所带来的体验优化共 204 项，新增功能 29 个。

2022 年 9 月 25 日，ZEEKR OS 3.1 OTA 固件更新，聚焦智能驾驶与智能座舱的用户体验提升。

2022 年 11 月 3 日，ZEEKR OS 3.2 OTA 升级，涉及 19 个 ECU 联动、23 项新增功能及体验进化和 320 项细节进化，其中包括新增“Eco-Heat”双效制暖模式、手机蓝牙解锁距离可调、标准续航 & 动态续航模式选择以及预约充电记忆功能等。

除 ZEEKR OS 系统的升级外，极氪还在智能驱动、智能座舱以及智能驾驶三大领域全面进化，并首创两项关于电动汽车操控的吉尼斯世界纪录，凭借着快、准、稳的强大机械素质与完善的智能座舱体验，补全了最后的短板，以全面超越用户期待的产品力，得到了消费者的信赖和口碑。特别值得一提的是，芯片事件之后，极氪迅速调整，官宣为所有极氪 001 新老车主免费升级高通骁龙 8155 智能座舱，实现极氪 001 的智能再进化。对此，《证券日报》刊文评论，这种升级是在过去软件升级基础上的再一次进化，也拉开了智能汽车硬件升级的新时代序幕。

但即便如此，安聪慧还是在不断给极氪提出新的更高的要求，“极氪并不完美……在不断追求完美的路上，智能化体验，始终是我们必须攻坚的重地”。

三、与用户一起创造

如果说在“深厚的造车底蕴＋可持续迭代的智能进化”的“两张王牌”之外，极氪还有第三张王牌，那么一定是极氪着力构建的新型用户关系，即与用户共创，根据用户需求与创造力得以持续进化，实现企业与用户平等融合。正如极氪的使命：秉承用户型企业理念，聚焦智能电动出行前瞻技术的研发，构建科技生态圈与用户生态圈，以“共创极致体验的出行生活”为使命，从产

品创新、用户体验创新到商业模式创新，致力于为用户带来极致的出行体验。

一如安聪慧在内部信中明确的——“长期主义的坚守，始终以用户为中心，创造惊喜，引领需求”的原则，这是极氪可持续发展的重要前提。

显而易见，以用户为中心正是“极氪速度”的动力源。

功夫财经作者卢克的观点很赞：在互联网出现之前，大多数车企都是“产品思维”。不直接面对消费者，而是设计和制造汽车，将其批发给经销商，由经销商售卖给消费者。此后，用户就被扔进了汪洋大海——和车企没有直接的互动，也不需要和车企产生互动。极氪的“与用户共创”，就是要依靠用户来定义汽车的发展答案。

在 SEA 浩瀚架构上，一切技术都是从用户的出行体验出发，目的最终指向极氪的“新型”用户生态。比如对于普通用户而言，可以按照自己的需求，定义车辆的各项参数，如功率、加速度、功能匹配等。此外，SEA 浩瀚架构还可以通过 FOTA 来进行升级。不管是全生命周期的 FOTA 或是其他特点，都让极氪汽车永远在进化的路上。而在这些灵活的特点之下，整辆汽车都可以快速响应用户的需求而进行迭代。

在安聪慧看来，“用户的体验也没有边界和定式；这要求我们必须跑在用户需求前，优化体系、创造惊喜、引领需求，甚至是‘不走寻常路’。”用户智能体验的进化，将伴随产品的全生命周期，这是极氪的长期任务。

极氪的体系化实力优先解决的是用户核心痛点。极氪的每款产品，既要做到同级领先、跨级超越；又要有针对性地围绕目标受众的需求，打造独特价值，“我们不仅要做‘全能车’，还要做‘拥有独门绝技的全能车’。这要求我们在洞察用户需求和进行产品研发时，要打开思路，更加不拘一格”。

从对标顶尖汽车企业转为对标用户期待，让极氪模式更具开创性，建立新型用户关系也是品牌快速成长的驱动力。

有三个闪耀着真金白银之光的案例非常值得一提。一是随着销售持续火爆，订单不断增加，部分在 2022 年预订极氪 001 的用户很可能要等到 2023 年才能提车。但是，为了保障每位用户的利益，极氪表示自 2022 年 7 月 11 日 00:00 起下定的 WE 版 86 kW・h 订单，仍可享受 2022 年国家补贴。二是极氪设计了一个全新的用户权益计划，拿出 4.9%的股份权益支持共创，以企业最高级别的形式鼓励用户参与极氪的发展，让用户有机会与公司股东一同分享公司价值增长而带来的收益。显然，这将激励用户参与打造极氪生态，助力推出顺应时代趋势的品牌。用户既是朋友、同事，也是共创伙伴，极氪不仅可以与用户零距离，而且能最大限度激发员工潜能，真正实现用户型企业，形成创新内在驱动力。三是在创新商业模式方面，极氪设立直营体系、补能体系，以及采取一些多元创新举措打造“极氪宇宙”——极氪中心作为原点、更灵活的极氪空间广泛覆盖、大型交付中心和服务中心做保障、在线社交中心连接用户。这一体系不仅是服务于用户，而且是双方实现共同参与和共同创造的场景。在“极氪宇宙”中，用户与用户、用户与企业之间可以共同创造新价值，分享新成果。

这些都体现出极氪致力于建立新型的用户生态，坚持用最纯粹的用户思维给用户带来参与感的具体实践。所以，许多业内人士都说科技生态并非极氪造车的终极答案，和用户生态结合才是。

第二节 “极氪速度”的年轻力

在2021年4月15日的“极氪出发·ZEEKR进化之夜”品牌发布会上，极氪CEO安聪慧介绍自己是极氪首席用户体验官“聪聪”——从产品经理到用户体验官，再从“安总”到“聪聪”，这个年轻化的、极易拉近与用户之间距离的、闪耀着青春跃动的称谓，表明极氪正在全力与传统割裂，正在打造品牌常青的压舱石。

这种年轻力的极致体现就是速度。

一、交付速度的年轻力

制造业以产品的生产交付结果为绩效考核主要指标。有专家也指出：生产交付是汽车制造业的管理核心。在智能纯电汽车行业，交付速度往往被视为综合竞争力的直接体现。这也很好理解：“交付快证明工厂高效率，订单火爆反映用户高预期。”

让我们来看一组极氪的交付数据吧——

极氪001从开启交付到交付量破万辆，用时110天；从交付破万辆到突破2万辆，用时107天；到交付突破3万辆，用时64天；再到交付突破4万辆，用

时仅仅45天。

2022年8月，极氪001交付7166辆，环比增长42.7%，成为中国品牌30万元以上纯电车型交付量第一。

2022年9月，极氪001再度刷新单月交付纪录，交付8276辆。

2022年10月，交付10119辆，单月交付破万辆。被媒体称赞为"中国品牌首个实现单车月度交付破万的纯电豪华车"。

2022年11月，极氪001交付11011辆，环比增长8.8%。

2022年12月30日，在广州国际汽车展览会盛大开幕之际，极氪智能科技公布了旗下豪华猎装轿跑极氪001最新交付量，数据显示，2022年12月，极氪001交付11337辆，同比增长198.7%。至此，豪华猎装轿跑极氪001在2022年全年交付71491辆，提前超额完成年度目标——不仅是中国品牌首个实现单车月交付破万辆的纯电豪华车，而且连续刷新着中国高端智能纯电品牌首款车型交付纪录。

2023年1月15日，全球首款原生纯电豪华MPV极氪009如期开启全国交付。作为全球首款原生纯电豪华MPV，极氪009上市仅76天即实现首批用户交付。行业分析人士指出：极氪的中国豪华纯电品牌交付速度再次彰显"极氪速度"①。

极氪人说，"极氪速度"体现着吉利造车"谋定而后动"的战略布局：1.0时代模仿学习，掌握燃油汽车"三大件"工艺技术；2.0时代突破自主创新；3.0时代上台阶，造每个人的精品车；4.0时代挑战行业天花板，全面挺进架构体系造车时代。正如安聪慧所言："极氪从成立开始，就想好要去把握智能电动的机遇。智能电动时代，在用户、消费、技术、研发、供应链等层面都发生了很大的变化。极氪抓住这一次变化的机会，要从最难的做起、从高端做起。"

显然，只有速度——快速反应的年轻速度，才能应对变化。

二、极氪补能的年轻力

伴随车辆交付大幅提速，极氪的补能体系也在持续加速。为最大限度地

---

① 极氪009全国开启交付 创中国豪华纯电品牌交付速度记录[EB/OL]. [2023-01-15]. https://chejiahao.autohome.com.cn/info/12116211#pvareaid=28086820716.

弥合用户的充电焦虑——这种焦虑始终是悬在新能源车主及各大新能源汽车企业头上的“一把刀”，极氪从2021年起便开始布局充电基础设施新基建。

还是来看一组数据：2021年9月28日，极氪能源旗下极充首站、超充首站正式落成，仅14个月后——2023年初，极氪能源ZEEKR Power宣布自建充电站正式突破全国110城600站（不含专用场站）。相当于日均建成1.4站，月均上线近43座充电站。此外，还与国家电网、特来电、星星充电、南方电网等近30家主流充电运营商合作，接入了全国336个城市38万余个优质公共充电桩——补能网点覆盖了核心商圈、高级酒店、办公园区等消费者常用场景，并且链接极氪APP充电地图，帮助用户一键直达、迅速补能。

实际上，极氪的充电产品体系也可圈可点。比如说，极氪全球首发的第一代液冷极充桩，单枪输出功率最大360 kW，同时配备24 mm超细超轻液冷线缆，“拿在手上非常轻巧，充分照顾到女性用户的补能需求”。就目前而言，极氪第二代液冷极充桩已在全国多个城市启动铺设。新一代极充桩单枪最大输出功率达到600 kW，最大输出电流650 A，同时在系统构架、运维成本、场景兼容等方面全方位升级，可满足未来800 V高压车辆最大充电需求。

立足于此，极氪能源围绕家庭、城市、服务等消费场景，还推出了家庭充电、公共充电、电极送三大业务线。目前，极氪智能家充桩现有7 kW、11 kW两款产品，其一站式安装服务已覆盖全国31个省、309座城市，成功走进4万多户车主家庭。此外，极氪推出的7×24小时的“电极送”代客充电服务也已覆盖全国40个主要城市。用户只需手机预约，专业服务团队便能提供上门充电服务。为了更好地满足用户补能需求，极氪能源还面向极氪车主以及更广大的新能源纯电车主上线了畅充卡，进一步降低了充电成本。行业观察者认为，“在外出过程中，用户不仅不用担心找不到充电桩，还能够以更强悍的充电效率及时回血”。

有鉴于极氪补能服务体系逐步迈入全新发展里程，当我们再次面对充电焦虑时，可以乐观得多——“在600个自建充电站，以及紧急送电服务的移动充电车等充电服务的加持下，每一位极氪车主都能够享受到更完善的补能服务”。也因为此，有业内人士发出期待：希望在极氪的带动下，越来越多的新能源车企都重视补能服务，全面解决新能源补能问题的愿景可期。

三、极氪中心的年轻力

极氪中心是什么？要干什么？能撬动什么？现在看来，极氪打造并推出的一个接一个的直营触点——极氪中心，不仅是一个新品牌新产品的体验中心，而且是“Z 世代”“零世代”画像人群的潮流社交聚集地，还是城市汽车文化的会客厅。

极氪中心的扩张充满了年轻的速度感：2021 年 9 月 5 日，极氪第 1 家门店——极氪中心|杭州南山路开业；257 天后，第 100 家门店极氪空间|成都银泰城开业；135 天后，第 200 家门店极氪中心|厦门海上世界开业。行业观察者指出：“从结果来看，极氪几乎以每两天建一家直营门店的速度在扩张渠道网络；从过程来看，其线下门店数量从 1 到 100，再从 100 到 200，所用时间越来越短。”

极氪中心的打造也充满了年轻的聚合力：在大家把年轻人冠以“Z 世代”之际，极氪喊出了一个词：零世代。在极氪看来，不能以年龄定义用户群体，只要是勇于挑战和乐享生活的人就是“零世代”。那么，怎样打动这群“零世代”呢？

在极氪成都开城仪式上，“麻辣车事”发现：极氪小伙伴们个个都身怀绝技，有人擅长骑行、街舞，也有人爱好滑雪、旅行等。可以看到，不管是对外的品牌形象，还是对内的组织架构，极氪都是一个年轻的、有活力的科技潮流品牌和用户型企业。极氪“共创”的方式很独特，场景化的布局营造了很好的氛围感和沉浸感，“对于年轻人来说，买的不仅是车，更是生活方式。极氪打造的科技潮流生活方式正是年轻人需要的，所以大家对它的认可度非常高。”无独有偶，“1 号车盟”发现，极氪中心的店员们“有的曾经做过售后、有的做过咖啡师、有的做过教培，多元化的背景更适配当下消费需求升级，因为用户本身来自不同行业，且需求不一，多元化的从业经历意味着更容易找到交叉触点，说得直白点，就是有更多的东西可聊，在谈及某件事时也更能产生共鸣，必要时还能提供点帮助。从极氪中心的布局设计、服务水准、人员配备来看，极氪正在尝试将抽象的用户思维，从离消费者较为遥远的宏观战略中剥离出来，拆分成一个个容易被感知的、具体的细节。对用户来说，真实的细节比任何言语都更能够打动人，这也是他们选择相信品牌的基础”。

任何一个城市的极氪中心都不会彼此“撞脸”，大家会保留85%的极氪品牌元素，剩下的15%由所在城市最鲜明的特色来融合。像极氪中心|苏州阳澄湖服务区，融入于湖景之中，彰显江南水乡的特色；极氪中心|成都太古里运用了熊猫、竹林、青砖等元素。相较于千篇一律的展厅，这种带有点定制化意味的设计，显然更能照顾到不同区域用户的审美与习惯。

2022年，中国电动汽车市场飞跃增长，中国汽车流通协会发布的报告显示，40岁以下的新能源消费群体占比高达84%，跟2021年相比大幅上涨。显然，极氪正努力瞄准这个势头，通过极氪中心各种富有年轻力、亲和力的沉浸式活动和互动，包括邀请奥运冠军杨倩担任“极氪零世代大使”，进一步贴合年轻用户，并用科技和潮流敲开用户的心门，与他们玩在了一起，将品牌一以贯之的用户思维，润物无声地触达每位消费者。

第三节　“三电系统”的原创力

汽车制造界正在形成一种共识：电池、电机、电控（“三电”）是电动汽车最为核心的技术系统，直接影响产品的最终性能表现，也是用户购车考虑的关键因素。行业新进者只有掌握“三电”核心技术，才可以说是锁定竞争优势。鉴于此，极氪正用远超国标的眼界，打造极致安全与极致高效的“新三电”系统。

作为极氪的首款车型，极氪001搭载的“新三电”优势何在？2021年8月举办的“硬核派——极氪三电科技之旅”活动，为我们展开了一幅科技感十足的饱满答卷。

一、“电芯-电池包-整车”全系统保护安全

安全既是新能源汽车技术研发的核心，也是新能源汽车最大的隐患。定位于豪华猎装轿跑的极氪001不仅通过技术升级及结合先进电池管理系统保证电芯、电池包安全，而且以全球超五星安全标准打造高强度车身，铸就“内无热蔓延”“外不怕碰撞”的整车全系统级安全硬实力。极氪001“新三电”历经异常严苛的考验，测试项目多达472项，超过国标122%，旨在为用户提供

更具安全品质的产品。

"硬核派——极氪三电科技之旅"特别设置了48小时浸水、加热扩散等严苛测试环节，充分印证极氪001"新三电"的安全性与稳定性。浸水实验中，置于水中48小时的"极芯"电池包无泄漏、无进水及外壳破裂、无起火或爆炸，液冷系统、电池包气密性满足要求，可进行正常充放电；热扩散试验中，经过超800℃加热后，"极芯"电池包未出现蔓延、起火现象。由于采用高能量密度与高热稳定安全性的高压单晶Ni55+电芯，加上NTP无热蔓延技术，与隔、排、防、警、冷、断六大安全防护，实现多层隔热、无障碍排热、实时防控、自动预警、主动冷却、毫秒断电，360°保障电池的高安全性。

极氪001还配备了全面自研BMS系统，云端、车端、桩端三端协同，7×24小时电池医生实时诊断，有力地保障了"极芯"电池包的耐用性和安全性。其中，BMS系统掌握核心底层技术，它负责监控整包的状态，为电源系统提供通信、安全、电芯均衡及热管理控制，并提取关键参数上传至云端服务器，保障电池包正常运行。通过BMS系统可以实现云端同步电池状态、车端行驶检测、桩端充电诊断，通过三端协同，7×24小时安全系统实时预警，确保车辆信息实时更新，有力地保障了"极芯"电池包的安全性。

从电芯选材到BMS系统，极氪001凭借全新技术及全方位安全设计，刷新"三电"安全标准。除"三电"系统外，车身骨架、被动安全等因素也直接影响整车的安全性能。极氪001以全球超五星安全标准打造高强度车身，车身综合刚度达到40 000 N·m/deg，不仅具备15柱侧碰、正45°脱轮卸力，正面25%偏置碰撞等标签性安全技术，而且具有高强度一体化设计，通过202项系统级严苛测试，无论是小角度的正碰、侧碰或各种工况的碰撞，还是球形托底等，都做了充分考虑，进一步提升了行车安全。

凭借极致安全的"新三电"系统和全方位的被动安全防护，极氪001以全系统级的整车安全，不遗余力地解决用户对电动汽车安全性能的顾虑，从而为用户带来更高品质的未来出行体验。

二、"补能-驱动-回收"全链路增强效率

正如"新材料情报NMT"指出的那样：动力电池是新能源汽车的核心零部件，占新能源整车制造成本的40%左右。动力电池是新能源汽车的"心

脏”，在一定程度上掌握着新能源汽车发展的命脉。

为了让这块“心脏”更加强大，2019 年 4 月，宁德时代与极氪成立合资公司时代吉利，共同为极氪提供高品质动力电池。2020 年 9 月，时代吉利落户宜宾，并成立时代吉利（四川）动力电池有限公司；10 月，时代吉利动力电池宜宾项目一期正式动工建设，规划年产能 15 GW・h，共建设 1 栋电芯厂房、1 栋模组厂房等。大家知道：宁德时代一直专注于新能源汽车的动力电池系统、储能系统研发及生产销售，已然成为国内动力电池制造商巨头。

2022 年 6 月 23 日，宁德时代发布 CTP 3.0 麒麟电池，作为第三代 CTP 技术，麒麟电池用实力诠释着技术的力量。麒麟电池在系统集成度方面创全球新高，体积利用率突破 72%，能量密度可达 255 W・h/kg，可实现整车 1000 km 续航。在功能边界创新上，麒麟电池突破结构功能边界，打造一体化能量单元。同时整合功能需求，将横纵梁、水冷板与隔热垫合三为一，集成为多功能弹性夹层。宁德时代首席科学家吴凯表示：“麒麟电池在功能边界上的创新，不仅大大节省了结构件数量，提升了空间利用率，而且通过多功能弹性夹层的内部斜筋设计，消化电芯使用过程中轻微膨胀而带来的挤压力，让电芯自由呼吸，提高电池全生命周期可靠性，优化电池寿命。”据新华网汽车披露的消息：在传统水冷方面的创新上，宁德时代通过全球首创的电芯大面冷却技术，基于电芯的变化，将水冷功能置于电芯之间，使换热面积扩大 4 倍。电芯控温时间缩短一半，支持 5 min 快速热启动及 10 min 快充。此外，麒麟电池还可实现全化学体系的热稳定、热安全，并适配更高能量密度的材料升级。

在 2022 年 8 月举办的世界新能源汽车大会上，极氪与宁德时代共同宣布，极氪成为麒麟电池全球量产首发品牌，双方已签署五年长期战略合作协议。极氪旗下全球首款原生纯电豪华 MPV 极氪 009 是麒麟电池的全球量产首发车型；极氪 001 搭载麒麟电池后，成为全球首款纯电续航里程超过 1 000 km 的量产车型。

三、电机效率最高可达 97.86%，远超国标

相关报道显示，极氪 001 的电机分别来自日电产和威睿，在极氪高标准的要求下，两款电机轮端扭矩均为 3 840 N・m。

其中，威睿电机效率最高可达 97.86%，在最大化降低能量损失的同时，

还能回收多余输出能量，高效转化为电池能量储存供再使用，可以精准表显续航，SOC平均精度可达3%，高于国标200%。当然，日电产也有其显著优势。“E车汇”专门就两种电机的比较与极氪工程师进行探讨发现：两款电机因为技术和策略的差异自然各有不同，但由于它们的轮端功率是一样的，都能够达到轮端扭矩3 840 N·m的要求，所以都能满足整车到轮端最高时速为200 km的要求。

为了打消准用户对两款电机差异的担忧，极氪对日电产和威睿两款电驱进行了盲测——从反馈结果来看，两款电机依据整车的要求，在整车加速、整车电耗以及NVH噪声控制上的表现几乎完全一致。而且，极氪专门作出承诺：无论用户选择哪一款电机，首任非营运车主都可享受终身免费质保权益。

随着汽车电动化时代到来，以电池、电机、电控技术为核心价值的“三电”技术，将成为企业在新能源汽车市场的主要竞争力，也是响应新能源汽车不断升级迭代的基本功。所以极氪制定了严苛的统一标准——极氪“新三电”打造了从电芯到电池包再到整车系统级安全，从补能到输出再到驱动和回收的全链路高效，从而奠定了“新三电”的领先优势。加上极氪001是诞生于SEA浩瀚智能进化体验架构的首款纯电车型，得益于SEA浩瀚智能进化体验架构，极氪001以硬件层、系统层和生态层构建三位一体的立体化布局，车身结构和电池结构的一体高强度设计，必将打动潜在用户的心扉。

当然，在上述一系列动作里，我们也可以看到，极氪正牵手包括英特尔资本、宁德时代、哔哩哔哩、鸿商集团、博裕投资等在内的生态伙伴，努力实现从“与用户共创”到“与全球优质企业共创”。

第四节　第三赛道的生发力

新能源汽车的蓬勃发展之势可以大致分为两个集群：一是传统车企转型而生，他们以丰富的造车经验、工业基础、体系能力等为先发优势，短板在于新商业模式、智能化、应变力。二是新势力跨界而来，他们深谙互联网思维，并以智能化的纵深发展为优势，短板在造车基础弱与体系能力较薄弱。

这两个集群也被称为两大阵营或两条赛道。

一、"创二代"与第三赛道

极氪走的第三赛道,既不同于传统车企转型进入智能电动领域,也不同于新势力造车模式,而是拥有独立的自有品牌和全新的商业模式。正如"懂车帝"分析:"与第一赛道相比,它摆脱了传统体系的桎梏,独立而又灵活,拥有更大的探索空间;与第二赛道相比,它有吉利的基础,在产业积累、资源、技术力量上占据优势。"

对于第三赛道,业界有个形象的比喻:

"创二代"极氪站在巨人的肩膀上——"富爸爸"吉利近40年来积累的深厚产业基础和全球全产业链朋友圈,让极氪的体系力和技术实力与生俱来,并得以快速成长。但是,"极氪本身在架构与商业模式上又趋向新势力,这让它在面对问题时,无论是决策速度还是执行力度都是高效的"。集两种模式的优势于一体,所以从产品设计到智慧出行,从芯片研发到智能驾驶,从充电补能到用户生态,极氪在布局时都能瞄准国际化标准,与世界同频,与时代同行。

比如,极氪001和极氪009均出自世界级SEA浩瀚架构,这保证了新车天赋异禀,无论是"三电"还是智能网联水平,起步都是同级最优。又比如,极氪的智慧工厂——这个智能、透明、敏捷、绿色的标杆工厂,以5G+工业互联网技术为载体,将"数字化、智能化"理念贯彻至生产制造全流程,打造出业内领先的"透明、敏捷、智能""三位一体"的智能制造新体系。再比如,极氪通过自研+共创的方式不断提升自己的科技研发实力。其在欧洲设有极氪欧洲创新中心,在上海也设有极氪智能研发中心,汇聚了来自全球30多个国家的2 000多名顶尖汽车工程师。还比如,科技合作方面,除了英伟达和宁德时代,还联合全球知名无人驾驶技术公司Waymo联合开发无人驾驶纯电汽车,并携手Mobileye开发L4级别的智能汽车。

正是在集第一、二赛道优势于一体的第三赛道上望风奔跑,所以极氪从产品进化到用户运营、从生态布局到渠道服务等的每个环节都兼顾速度与质量。当然,要顺利实现在第三赛道上不走寻常路——方向从对标顶尖车企转为对标用户期待的极氪,越来越清醒地认识到"用户的体验没有边界和定式",这就促使极氪必须跑在多元需求前面。显而易见的是,死磕第三赛道的

"极氪模式"，正在不断实现自己的快速成长与迭代进化。

也因为此，极氪才敢拍着胸脯自信地说，"从最难的做起、从高端做起、从用户真正需要的差异化做起。"

二、第一年度毛利率为正

还是摊开一组会计学的公式与数据吧！

销售毛利率＝销售毛利/销售收入净额

销售毛利＝主营业务收入－主营业务成本

销售净利率＝净利润/销售收入净额

净利润＝营业收入－营业成本－营业税金－销售费用－管理费用－财务费用－资产减值损失＋公允价值变动净损益＋投资净收益＋营业外收入－营业外支出－所得税费用

这组公式告诉我们什么呢？会计师说："当毛利率为正数时说明主营业务(销售产品)为盈利；毛利率为负数时，说明主营业务(销售产品)为亏损。销售毛利率指标反映的是，企业主要经营的产品在经营的过程中，是赚钱的还是赔钱的。"

相关报道显示："2024年上半年极氪整车的毛利率在18%左右，2023年交付的20万辆车实现了毛利率同比翻番。而且极氪的毛利率水平或许还将再度提升，安聪慧对极氪的毛利率水平表示，2024年下半年在交付15万辆的基础上，毛利水平会进一步提升。"

无论是安聪慧说的"2022年上半年极氪整车的毛利率在5%左右"，还是"锦缎"在其2023年1月的分析文章中说的"大致推算极氪2022年整体毛利率可能介于7%～9%"，都传达出一个积极的盈利信号，即"极氪在量价齐升的同时，还保持了作为企业应有的赚钱能力"。对此，《证券日报》有篇文章做了对比：相比如今的"蔚小理"，极氪的毛利率水平并不算高，但品牌成立第一年毛利率便为正的成绩，是"蔚小理"难及的。相关资料显示，"蔚小理"三家造车新势力代表于2020年实现首次全年毛利率转正，此时距离它们的诞生之日已经过去了多年时间，即便就季度而言，蔚来2020年第二季度首次实现毛利率转正，距其诞生也已经过去了6年。

极氪的这个成绩，一方面无愧于投资者的认可——早在2021年3月的首轮外部融资中，由英特尔投资领投，宁德时代、哔哩哔哩和私募股权公司博裕资本跟投，极氪筹集了5亿美元。分析人士认为：从该轮融资的投资者阵容来看，极氪已经获得了“智能”“电动”两大产业方向龙头企业的肯定。另一方面，这个成绩也坚定了极氪继续获得资本市场支持的信心。一如安聪慧所言，“相信极氪未来不排除要走向资本市场，如果极氪能做到我刚才说的那些，市场会给我们一个公平的估值。”2022年12月13日，吉利汽车正式对外宣布，旗下高端纯电动品牌极氪汽车已于12月7日向美国证监会秘密递交了IPO注册文件。“至此，成立不足两年的‘传统新势力’极氪开始闯关IPO”。

赴美IPO意义何在？用万创投行创始合伙人段志强回答《时代周报》记者提问来结尾吧：“极氪赴美上市，一方面有利于融入全球新能源汽车市场，建立全球品牌，衔接境外产业资源；另一方面有利于提升融资能力，获得资本助力；同时也有利于实现股东价值，建立更长久的发展基础。”

第七章
极氪品牌的出海路径

当下的中国经济，正处于拐点时刻。在国内汽车市场“一卷到底”的当下，汽车出海正成为中国汽车市场增长的新引擎。由内卷转向“外卷”，已成为一众车企的共识。极氪如何乘着东风出海，开拓海外市场这条第二发展曲线，并在海外市场开辟一席之地？或可循着“产品出海、技术出海、海外上市”这三部曲，在转变思路中找到新增量。

第一节　出海大势

《中国经营报》报道，2023年第一季度，国内汽车共出口106.9万辆新车，超越日本、德国，首次成为世界最大的汽车出口国。

中国汽车出口迅速杀进TOP圈，其实在2023年的前两年已能窥见端倪。2020年以前，中国汽车出口大概有10年时间长期徘徊在100万辆左右水平。进入2021年，中国汽车出口一路暴涨超过200万辆，直接超越韩国成为世界第三大汽车出口国。而2022年更是异军突起，该年中国汽车出口再创新高，达到311.1万辆，同比增长50.4%，首次超越德国，成为世界第二大汽车出口国。

从数据深入剖析，在暴涨的全年出口销量中，新能源汽车已成为其中最大的亮点。根据中国汽车工业协会的数据，2021年我国出口新能源汽车31万辆，同比增长3倍。2022年，中国新能源汽车出口量为67.9万辆，同比增长120%。2023年第一季度，新能源汽车出口量24.8万辆，同比增长1.1倍。从目前势头来看，随着能源转型的加速，2023年新能源汽车出口量一定会暴增。

这些出口的车型基本来自特斯拉中国、比亚迪、上汽集团、奇瑞、吉利、长城、长安等。其中，2022年之前，特斯拉中国的出口占比达到50%左右。而现在，比亚迪已逐渐起势，成为汽车出口的“大户”。2023年第一季度，比亚迪的出口量达到3.87万辆，同比暴涨了1280%。

为什么我国汽车出口量暴增？背后的逻辑有四点。

第一，政策驱动。我国政府积极推动新能源汽车“走出去”。2022年9月，商务部提出：将继续会同相关部门支持新能源汽车企业加快建设海外营销和售后服务网络，加大品牌宣传推广力度。

第二，在前期新能源政策驱动之下，我国自主品牌积极布局，在电动化、智能化等方面具备先发优势，实现了领跑。2021年11月，有消息称，在德国慕尼黑宝马研发中心附近，一辆带有伪装的宝马i7测试车与小鹏P7同框出现，一时间引起了汽车圈的热议。在新能源汽车时代，中国汽车品牌有了与

百年豪车品牌同台竞技的勇气和自信。

与此同时，我国新能源汽车产业链日臻完善，使得产品的竞争力进一步加强，具有去国外市场竞争的实力。过去，中国汽车多出口至欠发达国家，而如今发达国家成为中国汽车出口的重要市场。据悉，我国新能源汽车大量出口到欧洲等发达地区，如比利时、英国、德国、法国、挪威等。产品在西欧、北欧、中欧等市场的均价都达到3万美元的水平，这是“质”的跨越。

第三，经过近几年的高速发展，中国自主品牌在车辆外观设计、产品质量管理和控制体系、供应链质量和效率管理、服务体系发展等方面，已经与合资品牌差距不大。而在科技配置、智能网联、价格等方面，中国自主品牌比合资品牌更有优势，也因此，得到了国外消费者的认可。

第四，中国市场的原材料成本优势明显，这也是特斯拉要在上海建厂的原因。特斯拉上海工厂建设的高效率、生产的低成本和供应链的稳定，已成为中国向全球展示新能源汽车生产能力的范本。比国际市场更低的原材料价格，让中国自主品牌更有底气“走出去”。

在中国汽车出海量价齐升的同时，也有不少困境摆在中国自主品牌面前。比如面临人民币对欧元的汇率升值的压力，改变汽车出口打游击战的被动情况，防止售后服务出现烂尾现象等。

即便前路漫漫，但对中国自主品牌而言，“走出去”是必然。

长城汽车董事长魏建军曾多次表示，“国内市场是存量竞争的市场，中国品牌只有“走出去”，才有望继续提升销量规模”。开放和拥抱市场是我国汽车企业的必然选择。

蔚来CEO李斌说过，“国际化是特别艰苦的事情，不是那么容易的，难度肯定比在中国市场要难一个量级还不止，但是再难的事情总是要有人去做的”。

比亚迪董事长王传福曾对外表示，“电动化的进程在加速，这个时候看谁的资源多、供应链更完善、推出的产品优势更大，谁就能赢得更大的市场。现在不是大鱼吃小鱼，而是快鱼吃慢鱼，只有在快的过程中才能超车”。因此，深耕欧洲市场20多年的比亚迪，对欧洲市场有着深度洞察和丰富的资源储备，能迅速打开局面。

吉利控股集团董事长李书福曾说过：“汽车行业是全球性的行业，不能局限于某一个市场，中国市场当然非常重要，我们也很重视，但是除中国以外的市场更大、更重要。所以我们从汽车这个行业的特点出发,研究中国市场,也研究全球市场。”

《孙子兵法》中讲“故善战者,求之于势”。当下,全球汽车产业正历经百年未有之大变局,“新能源汽车热”为中国自主品牌出海带来了“天时地利人和”的绝佳契机,也为中国品牌在全球市场实现突破创造了难得的历史机遇。

首先,在中国电动汽车产业链已处于国际领先地位的基础上,竞争激烈的国内市场,拉高了新能源汽车的产品成熟度。全球市场目前是中国新能源汽车真正的“蓝海”。

其次,具备一定资金规模与自主研发能力的车企,在国内已经积累了足够的经验与市场数据,可以对海外市场提供更好的支持。

最后,中国新能源品牌大规模出海,参与国际竞争也有助于进一步释放创新和增长的活力。

自主品牌的新能源车型与海外主流新能源车型对比,具备性能优势,相同的续航,价格更低。

趁着这几年的“东风”,中国汽车出海也实现了大丰收,激励着更多品牌加入。

2022 年,主流汽车集团均取得了非常优秀的成绩。荣登榜首的是上汽集团,出口量达到 90.6 万辆。这个量级是中国汽车行业的第一次。其中,上汽荣威、MG 以及上汽通用占了出口量的绝大部分,上演了“国内开花国外香”的市场拓展大戏。

奇瑞汽车 2022 年出口达到 45.13 万辆,出口的主力车型是瑞虎系列 SUV,以及艾瑞泽轿车系列,畅销中东、南美、中美、东欧、非洲等全球几十个地区。长安汽车目前海外主力市场包括沙特、巴基斯坦、秘鲁、玻利维亚等国家,主要的出口车型有长安 CS75 PLUS、CS35 PLUS、逸动等,2022 年出口量为 24.9 万辆。

其实,在出海这方面,吉利早在 2003 年就开始走出国门参与全球化竞争。2004 年,吉利实现整车出口 5 000 辆。2005 年,出口量增至 7 000 辆,这一数据相当于当时中国轿车总出口量的一半。2010 年,吉利全球化进程全面提速,通过出口、并购等多种方式,全面融入价值链体系,实现了制造、研发、采购和销售的全球化网络布局。2024 年,吉利汽车出口累计销量达 41.45 万

辆，在亚洲、非洲、美洲、欧洲等的 81 个国家进行布局，销售及服务网点已拓展至 891 个。

领克在海外市场取得的成绩更是耀眼，它先后在欧洲的 11 座一线城市开设体验店，并实现整车出口；并开拓科威特、沙特、以色列等国家市场。2022 年，领克累计出口交付新车 35588 辆，增幅超过 300%，新能源汽车占比 97%。

2022 年，吉利在海外市场有两个重磅动作。一是领克品牌在科威特领克中心向亚洲奥林匹克理事会正式交付领克 01，领克首次成为国际体育组织的官方指定用车。二是吉利汽车中东区域首届经销商大会在迪拜举行。这标志着吉利一直在持续加大全球化市场的开拓力度。

作为吉利旗下的高端新能源品牌，出海，对极氪来说，不是一种选项，而是一种刚需。在 2023 年上海车展上，极氪公布了欧洲战略。2023 年下半年，首批线下直营门店将落地瑞典首都斯德哥尔摩和荷兰首都阿姆斯特丹，预计 2026 年极氪将进入大部分西欧地区。

根据乘联会数据，2023 年国内汽车出口量达到 400 万辆。马斯克判断中国将会重演日本汽车的出口浪潮。中国汽车出海走过了 1.0 阶段，在中国新能源车企努力下，中国汽车在海外市场已有一定的知名度和接受度。接下来，中国汽车出海即将进入 2.0 时期，如何让中国品牌高端化，或许是中国新能源汽车这一阶段的破局关键。

极氪品牌创立两年，极氪累计交付已经突破 9.3 万辆，首款车型极氪 001 平均订单金额超过 33.6 万元，豪华旗舰车型的极氪 009 平均订单金额达到 52.7 万元。在二手车保值力、用户净推荐率方面也全面领先，持续刷新中国新能源豪华品牌的价值高度。

极氪如何乘着东风出海，开拓海外市场这条第二发展曲线，并在海外市场开辟一席之地？或可循着“产品出海、技术出海、海外上市”这三部曲，在转变思路中找到新增量。

第二节　产品出海

电动化时代，中国汽车企业不仅在积极自我革新和前进，实现了弯道超车，而且影响着世界汽车产业发展和转型。

对于所有品牌而言，迈向海外市场的首要之举在于拥有具备强大竞争力的产品。比如，吉利凭借博越这款车型成功开拓海外市场，进入白俄罗斯等国家，在东南亚市场更是占据领先地位。长城哈弗 H6 不仅在国内是"神车"，而且帮助长城在海外市场建功立业。把好的产品放在海外消费者眼前，让他们去感知与自己喜好的适配度，这是最基础、最直观的一步。

在投放产品方面，不同的车企，选择了不同的"航线"。

传统车企，出海目的地更广泛、车型更多元、目标更激进。以比亚迪为例，2021 年底开始进入海外市场，首站是挪威，交付的是唐 EV 车型。不到两年时间，比亚迪迅速将版图扩大到欧洲的挪威、荷兰、瑞典、德国，大洋洲的澳大利亚，美洲的巴西、乌拉圭、哥伦比亚、多米尼加、巴哈马、哥斯达黎加，亚洲的印度、泰国、日本等。出海的车型也多样化，有唐 EV，BYD-ATTO3、BYD-SEAL、BYD-DOLPHIN、秦 PLUS DM-i、宋 PLUS DM-i 等，基本实现了面上覆盖。上汽集团也是如此，产品和服务进入了全球 90 多个国家和地区，在全球拥有 1 800 多个海外营销服务网点。

造车新势力因为销量规模小，所以在出海模式上，他们多选择聚焦某个市场、推出单一爆款车型。2021 年 5 月，蔚来官宣"挪威战略"，ES6 和 ES8 进军欧洲；2022 年，蔚来又加快步伐，宣布开始在德国、荷兰、丹麦、瑞典四国市场提供服务。2021 年 8 月，首批出口的小鹏 P7 在广州新沙港启航。"蔚小理"虽然均有出海计划和业务，但推进的速度较慢，且效果不理想。出海规划较为激进的蔚来，至今明确进入的市场也只有挪威、德国、丹麦、荷兰、瑞典，都是欧洲区域市场规模较小的国家，出口量非常有限。

"航线"没有对与错，只看是否能达到自己的目的，在市场验证与新市场开辟中寻找平衡点，并取得一席之地，这是摆在所有想出海乘风破浪的车企面前的必经之考验。

作为诞生于传统车企的新能源汽车品牌，极氪更适合"以点扩面"，即聚焦某几个重点市场，销量上规模后，实现面上突破。

汽车的发源地——欧洲，往往是中国品牌进入国际市场的第一站，极氪也不例外。极氪 CEO 安聪慧曾表示，"我们的产品将会落地到汽车历史最悠久、豪华品牌最密集、全球最成熟的欧洲国家市场，用中国的豪华新能源产品

来直面全球的豪华品牌。”

在 2023 年 4 月发布的“欧洲战略”中，极氪正式发布欧洲战略，打响了“出海”第一枪。当然，选择欧洲作为全球化起点，背后的原因可能有四点。

第一，欧洲是继中国之后全球第二大新能源汽车市场，2022 年欧洲电动汽车总销量超过 270 万辆，且率先提出于 2035 年禁售燃油车。借助强大的垂直整合能力，以及不俗的综合产品力，中国新能源汽车得以占据一席，欧洲每十辆销售出去的新能源汽车，就有一辆来自中国。这个市场的重要性不言而喻。

第二，极氪敢于向汽车文化最深远的欧洲市场发起冲击，因为领克成功出海的经验可以参考，比起其他需要“摸石头过河”的自主品牌，极氪已然先人一步。

第三，极氪如果要塑造全球豪华品牌的调性，那么要挑战被豪华品牌牢牢占据的欧洲市场，是早晚的事，不如先抢占先发优势。这个道理就像比武，找第一名竞争，总比找第二名、第三名竞争有关注度。你的竞争对手决定了你的高度。

第四，从产品力角度而言，极氪首站进军欧洲，也确实颇具优势。

极氪 001 和极氪 X 是为欧洲消费者量身打造的车型，并基于全球五星安全标准开发，也符合国外消费者审美。定位为豪华猎装轿跑的极氪 001，拥有非常多的配置，比如，感应式无框自动门、NAPPA 全粒面头层真皮座椅、全车电动调节座椅、智能恒温空调套装等。与此同时，极氪 001 被称为纯电操控的天花板，还曾首创两项吉尼斯世界纪录。这些颇具竞争力的豪华配置，都是极氪 001 进军全球的背书。极氪 X 作为真正的紧凑级豪华车，将以同级独有的智能驱动黑科技，满足欧洲城市用户对豪华的需求。

依托吉利全球资源配置和整合能力，借鉴领克的欧洲经验，借助吉利与沃尔沃在欧洲市场的多年耕耘，和其他品牌对比来看，极氪出海，在门店铺设、售后服务、资源配置、品牌运营等方面已天然占据很大的优势。

当然，出海并非一朝一夕之事，也并不是单纯把产品带到国外市场那么简单，会面临各种挑战。比如，中国新能源汽车品牌在欧洲市场的品牌认知度不高，极氪需要进一步提升产品品质，加强品牌推广和宣传，提高品牌知名度。欧洲市场对汽车的法规和标准要求较高，包括排放、数据安全等各方面的要求，极氪需要密切关注并严格遵守相关的法规和标准。另外，极氪需要更好地满足欧洲消费者本土化需求，提高产品在欧洲的竞争力，深入了解欧洲市场上其他汽车品牌的产品特点、价格、销售渠道等信息，以制定更具竞争力的定价策略。所以，出海，并与欧洲老牌汽车竞争，极氪还有很长的路要走。

在中国电动汽车百人会论坛(2023)上，极氪 CEO 安聪慧发表演讲称，中国新能源汽车不仅要“走出去”，更要“走上去”，企业要加强精品意识、标杆意识，输出高标准、高技术、高含金量的产品，共同提升中国新能源汽车品牌的国际形象。

值得一提的是，随着出海潮来袭，自主品牌开始在海外市场加快部署本土化生产，从纯粹的贸易出口、整车出口转向在当地投资、建厂的出海模式，开始思考可持续性路线。2023 年 5 月 22 日，长城汽车总裁穆峰在接受《中国经济时报》记者采访时说道：汽车产品在任何一个市场，整车出口或完全组装的模式都是不可持续的，产地销才是真正的常态。这也是中国自主品牌频频在海外建厂造车的原因。

早在 2019 年，长城汽车便在俄罗斯建立了图拉工厂，为其全球化征程做了铺垫。2024 年，在东盟市场，长城汽车泰国罗勇工厂正式投产；针对巴西市场，长城汽车计划推出 10 余款新能源车型；针对欧盟市场，长城汽车正在积极部署包括主机厂及核心零部件在内的产业。

2023 年 2 月，连续 19 年出口占比第一的奇瑞汽车宣布在阿根廷投资 4 亿美元建厂，预计每年将生产 10 万辆汽车，而奇瑞已经在全球建立了 10 家海外工厂。

2023 年 5 月，越南政府副总理陈红河在河内会见比亚迪董事长王传福，比亚迪在越南投资造车的消息引发了不少舆论关注。比亚迪方面表示，国际市场对新能源汽车的需求日益旺盛，比亚迪作为新能源汽车龙头企业，在越南投资造车，一来可以开拓东南亚市场，在东南亚形成更好的服务体系，提升利润和市场占有率；二来可以利用越南相对便宜的劳动力和土地资源降低制造成本，夯实自己的优势地位。

而吉利方面，在美国、英国、瑞典、比利时、马来西亚等国建有现代化整车和动力总成制造工厂。加大海外投资、加速海外建厂步伐，这些都是汽车企业国际化发展的重要动力和主要发展模式，也是中国汽车企业打造国际化品

牌的重要手段。

极氪也在积极通过本土化策略，贴合当地消费者需求，提升品牌影响力，加深全球化布局。极氪在瑞典哥德堡建立了由极氪智能科技副总裁、全球首席设计师史蒂芬·西拉夫（Stefan Sielaff）先生领衔的全球设计中心。同时，极氪在欧洲也有拥有全球顶级设计工程能力的工程研发团队，专门为极氪的欧洲车型进行本土化验证。

随着美欧发达国家及一些发展中国家对于电动汽车产业链的重视程度不断提升，以产业政策等方式带动本土产业链建设的方式，在营销能力、研发能力以及品牌力方面更容易获得海外市场份额和海外消费者认可。下一步，极氪销量上规模后，或将顺理成章在海外建工厂，提升海外本土化能力，深化全球化战略。

第三节　技术出海

最近几年，纯电动汽车发展经历过两种技术研发路径；第一种是基于原有燃油车平台研发的电动汽车，即油改电路径。这种路径是早期野蛮生长阶段的做法，目前被绝大部分品牌摒弃。第二种是开发全新电动平台技术路径，全新电动平台带来了更优化、集成度更高、性能更好的车辆，“基因”更纯粹，也更容易被用户认可和接受。

在当下竞争激烈的市场环境中，纯电动平台逐渐成为车企竞争的标配。主流中国自主品牌，如吉利汽车、广汽埃安、长安汽车、东风岚图、长城汽车等都已完成对纯电动平台的开发，并且各有优势。在纯电技术方面，中国自主品牌也实现了对合资品牌的反超。随着自身综合实力的增强，中国自主汽车也有了向外输出技术的底气。

中国汽车工业初期，我们只能“以市场换技术”，如今，中国自主品牌也可以“以技术换市场”。技术出海将成为中国自主品牌冲向全球的一把利剑。

为什么要对外输出技术？有三个原因。

第一，中国车企虽然新能源转型起步早，但投入高，纯电动平台的开发金额巨大。吉利汽车的 SEA 浩瀚架构，总投入超过 180 亿元，研发历时 4 年。

比亚迪打造的 e3.0 平台研发时间超过 5 年，研发费用超过 200 亿元，研发团队人数逾 4 000 人。纯电动汽车投资回报周期长，技术、产品走出国门，可以扩大品牌规模，并且使用越广泛，成本也就越低。

李书福曾表示，“我们会向全世界所有汽车企业开放，谁想用都可以。2021 年 9 月，在比亚迪 e3.0 平台发布会上，王传福也提到，该平台继续保持对行业开放共享模式。平台共享，可以减轻研发负担，缩短研发周期，降低采购成本，提高消费者用车体验，形成规模效应，以此推动电动汽车发展。

第二，在电动汽车领域，我国车企既有系统，也有架构，向全球消费者展示先人一步的技术，彰显了中国汽车工业的进步和高速发展。自主品牌用技术与外资合作，授权给其他企业，可以互相赋能，实现双赢。

第三，技术永远是企业最核心的竞争力。中国汽车出口不能只是单纯的卖车，只有技术、品牌、服务与文化多层次地输出，才能成长为全球化的品牌。

众所周知，2020 年 9 月，吉利汽车推出新一代纯电动平台——SEA 架构。这个架构可以打造 1 800～3 300 mm 轴距车型，覆盖从 A 级车到 E 级车的规格。可扩展性的优势，让吉利汽车可以在 SEA 架构上推出轿车、SUV、MPV、旅行车、跑车以及皮卡等纯电版本车型。SEA 的另一大优点是拥有更先进的电子电器架构，能更好地支撑 OTA 升级、辅助驾驶功能升级等。

SEA 架构不仅被运用在极氪身上，诞生了极氪 001、极氪 X 等车型，而且被运用到吉利集团其他品牌（如路特斯、沃尔沃、极星、雷达）上，以及吉利与奔驰合作的 smart 品牌，与百度合作的集度品牌等。2022 年 11 月下旬，吉利控股宣布，将纯电动 SEA 浩瀚架构授权给波兰电动汽车制造商 Electro Mobility Poland（EMP）。同时，吉利控股成为 EMP 技术合作伙伴，实现了技术架构的出海。

当然，技术输出方面，纯电动平台架构仅仅是其一。电池技术、智能座舱、自动驾驶等，中国品牌都拥有竞争优势并形成技术壁垒，完全可以让全球消费者共享“科技红利”。

可喜的是，吉利在技术输出方面的成效已逐渐显现。依托于吉利汽车 20 余年造车经验积淀，以及 BMA、CMA、PSA 及 SEA 四大全球领先的架构技术等，2022 年，吉利汽车技术授权共实现 16.6 亿元收入，同比增长 29.9%，与多个企业实现了合作共赢。

与吉利合作七年的宝腾汽车，凭借吉利为其输送的车型产品和发动机技术，宝腾在2022年总销量达到141 432辆，其中出口销量5 406辆，成为马来西亚汽车品牌中的佼佼者。

2022年，吉利宣布牵手雷诺进军韩国市场，吉利持股比例为34.02%。在合作中，吉利输出平台和技术，雷诺汽车负责外观、品牌建设与销售服务，双方合作可以说是一种全新的合作模式。打破了以往合作中，都是外资品牌输入技术，国产品牌负责渠道等的模式。

当然，吉利也通过威睿能源、亿咖通等产研一体的机构以及天地一体化（根据《"十三五"国家科技创新规划》，天地一体化信息网络是科技创新2030——重大项目中的重大工程项目）的前瞻科技生态，为极氪在"三电"、智能化等核心技术领域进行了底层赋能。

2023年，极氪于瑞典和荷兰完成首次交付，并计划在2026年拓展至大部分西欧地区。在服务体系构建上，极氪推出了极氪金融、极氪能源、极氪售后以及极氪车联网等服务内容，形成了较为完善的服务矩阵。极氪依托吉利控股全球团队历时五年打造的全球最大带宽、最高效的SEA浩瀚架构，借力吉利国际化布局的势能，在产品出海稳步向前的基础上，能够趁势把握新能源发展浪潮、加快技术出海的步伐，通过采用技术授权、订阅服务等多元化创新经营合作模式，将高价值技术与产品向全球主要市场输出，持续提升品牌的国际影响力与竞争力。

吉利汽车集团董事长安聪慧曾表示，极氪将直面全球竞争，致力让新能源汽车成为中国的新名片。凭借深厚的造车底蕴和全球创新资源整合，极氪将打造极致体验的出行生活作为品牌使命，以最纯粹的用户思维，在产品上坚持从难度最大的环节入手，以豪华品质为起点，走出一条差异化发展道路。

第四节　海 外 上 市

在当今全球化的汹涌浪潮中，海外上市已然成为众多中国车企迈向国际舞台、提升品牌全球影响力的重要战略抉择，极氪便是其中的典型代表。2024年5月10日，极氪智能科技控股有限公司成功登陆纽约证券交易所，股票代码为“ZK”，自此开启了全新的国际资本篇章。

极氪的上市进程颇为顺利，凭借自身卓越的发展潜力，获得了市场的高度认可与超额认购，进而顺势扩大 IPO 规模。其背后的承销商团队堪称豪华，包括高盛、摩根士丹利等多家全球顶尖金融机构。这些机构凭借专业的资本运作能力与丰富经验，为极氪的上市之路保驾护航。

回首极氪的发展轨迹，从品牌创立到成功上市，仅用时 37 个月，这一惊人速度的背后，是吉利控股集团多年深厚产业积淀的强力支撑。依托于此，极氪迅速构建起一套完整且独具特色的纯电智能科技生态体系，开辟出一条差异化显著的发展路径。在市场表现方面，极氪成绩斐然，截至 2024 年 4 月底，累计交付车辆数量颇为可观，且在 2024 年的前 4 个月里，交付量同比实现大幅增长，稳稳占据 20 万以上中国高端纯电品牌销量的领先地位。上市所募集资金也有着精细且极具前瞻性的规划，重点投入到技术研发、产品拓展升级、市场营销推广以及服务与充电网络的全方位构建等核心业务领域，为企业的持续进阶筑牢根基。

极氪此番赴美上市意义非凡，美国资本市场向来以严格的监管要求和高标准的公司治理著称，这无疑促使极氪全方位提升自身的透明度与可信度，进一步巩固其在技术研发、产品品质、市场拓展等诸多方面的优势，成功吸引全球投资者与消费者的目光聚焦。上市之后，极氪的全球化战略更是如虎添翼，全面加速推进。2024 年，极氪雄心勃勃地计划攻入欧洲多国的豪华汽车市场，同时将触角伸向东南亚、中东等多个极具潜力的区域。截至 2024 年 4 月底，极氪已在全球范围内构建起近 380 家门店的庞大销售服务网络，切实为全球消费者提供便捷、贴心的购车与售后体验。例如，2024 年 8 月 1 日，极氪在新加坡地标建筑艺术科技博物馆盛大举行新车发售活动，推出极氪 X，瞬间在当地高端汽车市场引发热烈反响；其豪华旗舰右舵版极氪 009 已率先在中国港澳地区开启热销态势，后续也紧锣密鼓筹备进入新加坡市场；不仅如此，极氪还相继成功登陆老挝、菲律宾等东南亚国家，凭借出色的产品性能与优质服务迅速打开市场，截至 2024 年 7 月底，已成功打入超 30 个主流国际市场。极氪也在积极探索非洲等新兴市场，但目前尚未有确切的公开报道显示其在埃及举办发布会的具体情况。

除极氪之外，中国车企在海外上市领域早有诸多探索与实践，为后来者

积累了宝贵经验。像极星汽车，作为沃尔沃和吉利控股携手打造的合资品牌，在2022年6月选择通过特殊目的收购公司（SPAC）的方式在海外上市。尽管后续遭遇亏损、股价波动等挑战，但在品牌国际化、资本运作流程等方面提供了前车之鉴。其总部位于瑞典，生产基地扎根中国，充分利用两国优势资源，试图在海外资本市场闯出一片天地。

再看南京司凯奇汽车科技有限公司，专注于高端新能源重型商务车领域，拥有涵盖纯电动、插电式混合动力（含增程式）、燃料电池等多元化汽车研发及核心零部件设计生产能力。据公开信息，目前尚未有确切报道显示该公司在2025年通过与境外特殊目的并购公司 Finnovate Acquisition Corp. 合并，计划在美国纳斯达克证券交易所上市的具体情况。但此类借壳上市的大胆尝试，展现出中国新能源车企渴望借助海外资本力量实现跨越式发展的决心与魄力。

还有沃尔沃，虽为国际知名老牌车企，但自2010年被吉利控股集团收购后，融入了强大的中国资本助力。2021年10月29日，沃尔沃在瑞典斯德哥尔摩证券交易所挂牌上市，实现了从濒临破产到持续盈利的华丽转身，全球销量稳步攀升，上市时市值一举突破220亿美元，吉利控股也从中收获颇丰。沃尔沃的成功上市，不仅彰显了中国车企整合海外优质资源后的卓越资本运作成效，更凸显了中国资本在国际汽车产业舞台上日益提升的话语权。

这些车企的海外上市经历，无论是成功的高光时刻，还是面临困境的砥砺奋进，都为中国新能源汽车工业的整体发展提供了弥足珍贵的启示。

极氪案例对中国新能源汽车工业的启示如下。

（1）技术创新始终是立足之本。极氪借助吉利控股的雄厚实力，全力打造先进的技术体系，如高效精准的电池管理系统、引领潮流的智能驾驶辅助技术等。对于国内车企而言，必须坚定不移地加大研发投入，力求掌握核心技术，彻底摆脱对国外技术的依赖，开辟独具特色的发展路径。

（2）精准的品牌定位至关重要。极氪自诞生之日起便瞄准高端纯电市场，凭借高品质、高性能的产品特质在激烈竞争中脱颖而出。国内车企务必深入洞察市场，紧密结合自身优势，精准定位目标客户群体，精心塑造独特鲜明的品牌个性，有效避免同质化竞争，全方位满足消费者多元化需求。

（3）全球化布局需要果敢决断且规划周全。极氪在短短数年时间内，实现国内市场稳健增长的同时，大步迈向海外市场，全面进军欧洲、亚洲、非洲、美洲等多个区域市场。国内车企当以此为鉴，敏锐捕捉全球新能源汽车市场蓬勃发展的机遇，提前布局国际市场，深入了解各国政策法规、消费习惯、基础设施等的差异，因地制宜制定精准营销策略，逐步构建起完善的全球销售服务网络。

（4）善于运用资本运作推动企业发展。极氪赴美上市募集资金，精准投入到技术研发、市场拓展等关键领域，知名度与影响力得以迅速提升。国内车企要审时度势，合理借助资本市场的强大力量，选择恰当的上市时机与地点，整合产业链上下游资源，实现企业的跨越式壮大，稳步提升在国际汽车产业中的地位。

极氪以及其他先行的中国车企为国内新能源汽车产业照亮了前行的道路，众多后来者当汲取经验、奋勇前行。

第八章
极氪品牌全球化策略

在竞争持续白热化的汽车行业，从来没有骑墙者的舞台。那些在大潮褪去后依然幸存的车企，无一不是长期主义者。在年轻人主导的汽车市场，在全球化如火如荼的今天，极氪更应该秉承长期主义，一方面，先对标再立标。另一方面，输出技术标签，讲好中国故事，展现“极氪式”实力与智慧，让全球用户体验到中国新能源汽车的高价值与高性能。

第一节　坚持年轻化不动摇

“Z世代”指1995年至2009年出生的群体,他们是新时代背景下的年轻人。截至2022年11月,中国“Z世代”人口规模约2.64亿,所贡献的消费规模已经占到40%。大数据预测,未来10年73%的“Z世代”人口将会成为职场新人,到2035年中国“Z世代”整体消费规模将增长4倍,至16万亿,是未来整个消费市场的核心力量。

“Z世代”年轻人,可以说是真正的数字时代原住民。他们追求生活品质、偏爱享乐、喜欢新奇事物,并且这部分人群多数为有本无车的“本本族”,有很强的购车意愿。在当今数字化时代,“Z世代”的消费行为呈现出高度的数字化和社交化特征。他们习惯于通过社交媒体、短视频平台等渠道获取信息,并且在购买决策过程中,更倾向于参考网络上的用户评价和推荐。中国汽车流通协会公布的数据显示,“90后”在汽车市场份额中的占比达到41%,有巨大消费潜力的他们,将为汽车市场注入新鲜血液。

分析汽车品牌的用户构成发现,用户年轻化特征愈发显著。以造车新势力小鹏汽车为例,其车主中“90后”和“00后”占比达43%。汽车领域的“潮牌”领克,拥有大量的年轻用户群体,“泛90后”车主占比高达约71%。极氪APP线上活跃粉丝群体年龄多为18—39岁,占比高达92%。即便是传统豪华品牌的车主的平均年龄也仅33岁。

在消费年轻化趋势下,所有的汽车品牌均意识到一个问题:抓住年轻消费者,就等于抓住了一个消费时代。

但不同于父辈,“Z世代”的消费观念和消费习惯更加前卫,他们希望在消费中完成自我塑造,不再拘泥于性价比,而是看重个性、体验与服务。他们的消费行为呈现出高度的数字化和社交化特征。根据相关研究,超过80%的“Z世代”在购车前会通过网络进行详细的产品调研,而其中近60%会受到社交媒体内容的影响。与此同时,汽车对他们而言,不仅仅是交通工具,更是自我个性的表达,是他们体验生活、释放情感的“第三空间”。他们习惯于通过社交媒体表达自我,并希望与品牌进行深度互动。因此,极氪可以通过举办创

意设计大赛、用户故事征集等活动，邀请“Z 世代”参与产品设计和品牌建设。例如，定期举办“极氪创意设计挑战赛”，邀请用户提交车身涂装或内饰设计创意，并将优秀作品应用于限量版车型。这种用户共创的模式不仅能够增强用户对品牌的参与感和认同感，还能通过用户的创意为品牌注入新的活力。如何通过“年轻化的产品”“年轻化的设计”“年轻化的营销”，打通圈层壁垒，刷新“Z 世代”的品牌印象、占领“Z 世代”的心田，这是摆在所有车企面前的必答题。所以，诸如丰田、本田、大众等传统车企巨头，长安、长城、吉利等自主品牌头部，以及 BBA 等豪华品牌，都在积极寻求与年轻用户保持高频对话和深度互动的方式。

当然，对新能源汽车品牌而言，拥抱年轻人比传统车企具有天然优势。因为“Z 世代”对新能源车型接受度更高、更愿意尝试。他们对于合资品牌没有印象加成，对比国产车的配置和体验后，很可能更青睐自主品牌。

极氪从诞生之初就自带年轻化基因，并创造了一个新词：“零世代”。在极氪看来，不能以年龄定义用户群体，只要是勇于挑战和乐享生活的人、具有年轻心态的人，都是“零世代”。极氪的研发团队中，“95 后”成员占 20%。

极氪的“年轻化”也藏在看不见的幕后。在极氪的 Pre-A 轮融资中，有一家特殊的企业——哔哩哔哩（简称 B 站）。大家都知道。哔哩哔哩是一个以 UGC（用户生产内容）模式为主的视频社区，据 B 站董事长兼 CEO 陈睿介绍，B 站用户平均年龄在 21 岁，新增用户的平均年龄在 20 岁，毫无疑问，B 站就是年轻群体的聚集地。极氪很显然希望借助哔哩哔哩，与用户群体沟通，实现用户共创文化。在哔哩哔哩上，极氪的官方账号拥有 55 万粉丝，远超传统车企甚至蔚小理的粉丝量，在自主品牌中，粉丝量仅次于 109.1 万的五菱汽车。因此，极氪应进一步加强在数字化营销领域的投入，打造更具吸引力的线上内容生态。例如，与知名网红、汽车博主合作，推出深度体验视频和评测内容，通过他们的影响力和粉丝基础，快速提升品牌在年轻群体中的曝光度和好感度。

此外，“Z 世代”对品牌的忠诚度并非仅仅建立在产品性能或价格优势上，他们更关注品牌所传达的价值观和社会责任感。数据显示，超过 70%的“Z 世代”消费者表示，他们更愿意支持那些在环保、社会公益等方面有积极作为的品牌。这为极氪提供了一个重要的战略方向：通过强调品牌的环保理念和社会价值，引起年轻消费者的共鸣。极氪可以将自身在新能源汽车领域的环保优势作为核心卖点，宣传其在电池回收计划、可持续材料使用等方面的创新举措，展示品牌对环境保护的承诺。这种价值观的传递不仅能够增强品牌的吸引力，还能在年轻消费者心中树立起极氪作为“绿色出行伙伴”的形象。

同时，“Z 世代”对个性化和独特性的追求也为极氪的产品策略提供了新的思路。他们不再满足于千篇一律的产品，而是渴望通过自己的选择表达个性。因此，极氪可以进一步拓展个性化定制服务，提供更丰富的车身颜色、内饰材质、智能配置等选项，满足“Z 世代”对“独一无二”的追求。例如，极氪可以定期推出限量版车型，结合当下流行的文化元素或设计趋势，打造具有话题性的产品。这种策略不仅能吸引年轻消费者的关注，还能通过限量版产品的稀缺性，提升品牌的溢价能力。

记得极氪开城之时，在全国各地举办了多场曙光之城共创体验活动，还原了都市生活中年轻群体常关注的几个生活空间：“灵感公社”“轻氧咖啡厅”“潮流买手店”“城市探索”“性能公园”等，吸引了大量年轻人去打卡体验，一时间圈粉无数。

在产品上，极氪依然走的是年轻化路线，不管是猎装轿跑风的极氪 001，还是酷炫有棱角的极氪 X，都坚持颜值路线，深得年轻人喜爱。

在信息大爆炸背景下，在极度内卷的中国汽车市场，在新消费主义崛起的当下，年轻人的关注阈值越来越高，极氪如何通过持续营销，打通与年轻人的沟通渠道，在年轻群体和车辆间建立起家人和伙伴般的情感纽带？唯有坚持“年轻化”不动摇。

但“年轻化”并不是简单地吸引年轻人的注意力，而是获得年轻人心理层面的价值观、态度、生活方式的认同与共鸣，并从品牌、产品、体验、传播等多个维度共同发力，围绕与消费者的每个接触点进行设计，把品牌理念落实，才能实现真正的品牌年轻化。

《品牌年轻化》作者乔瑞·范·登·伯格历时 15 年，经过近 3 万次密集研究，对年轻人市场的消费心理和消费行为提出了深刻见解：大量使用“年轻元素”的营销行为并不能吸引年轻人，只有采用酷感、真实感、独特感、认同感和幸福感这 5 大营销逻辑，才能驱动品牌年轻化。

就实际操作层面而言，极氪完全可以用更具“Z 世代”特点的方式融入年

轻人中。比如打造酷感。极氪除了有好看的外观，也要有有趣的灵魂。围绕年轻人喜欢的音乐、美食、旅行等内容，可以在社交媒体和内容平台，多输出有趣好玩的内容，实现出圈传播，增强用户对品牌“会玩”的形象认知。

真实感，即指品牌与年轻人沟通一定不能高高在上，要以开放的心态，不惧怕听取年轻人的意见，与他们探讨多种话题，和他们成为朋友，用建设性的态度来对待负面评价。这也和极氪“以用户为中心”理念不谋而合。极氪此前与用户共创车型、为用户开启退定通道的案例，在行业内备受好评。

在年轻一代逐渐成为消费主力军的当下，所有的品牌都在跟风，让“年轻化”三个字刷足了存在感，但如果没有独特感，都是千篇一律地喊口号，依然无法激发年轻人对品牌的喜爱。下一阶段，或许极氪可以输出汽车文化、潮改等，既唤醒年轻人的潮改激情，又强化品牌的潮流态度，有利于形成自己独特的品牌文化。

圈层经济时代，是一个真正物以类聚、人以群分的小众经济时代。个性化是圈层的基本特征，基于高度认同感，越是有个性、越有自己的态度就越容易获得相应圈层年轻人的认可。极氪可围绕圈层文化出牌，策划圈层营销，培养自己的核心用户，产生价值共鸣。

买车还只是代步的交通工具？对此，年轻人早已不认同。选择哪种车型、哪个品牌，在他们看来，相当于选择了一种生活方式。如何让用户因为选择极氪而感到幸福，其实这是品牌需要思考并为之付出长久努力的高阶目标。幸福，离不开好产品、好服务和好口碑。

在年轻人主导的市场，品牌年轻化一定是每个品牌必须坚守的基本路线，将年轻化的概念融入品牌的基因中，用真诚和尊重的态度与年轻消费者互动，从内而外地散发年轻活力，才能使年轻化营销落到实处。

第二节　坚持长期主义不动摇

在股票市场中，一直有两种思维方式：趋势思维和价值思维。

趋势派喜欢跟热点，喜欢跟着热门题材、概念股走，当市场、风格、行业在一段时间内形成趋势时，他们就会盲目追风。这一派以做短线、赚快钱为主。

而价值派则始终坚信“价格围绕价值上下波动，价格最终会回归价值”的底层逻辑。他们一般会在估值比较低的时候买入好公司的股票，陪公司一起成长，愿意做一个长期主义者，收获时间的复利。

股神巴菲特投资成功的秘诀在于长期主义。在2023年巴菲特股东大会结束后，有媒体总结道：巴菲特，擅长把复杂的事情简单化，把简单的事情长期化，并把自己的纪律严格执行数十年。简而言之，他的成功是长期主义的胜利！

如今，汽车行业正处于百年未有之大变革中，新旧交割之际，新能源汽车赛道“群魔乱舞”，所有人都想分走一杯羹。但收益往往与风险并存，如何挤上赛道，并圈定自己的技术路线、细分市场、目标人群等，摆在所有车企面前的依然有两条路：选择趋势思维还是价值思维？而这种选择显然也是决定企业生死的关键性问题。

当然，目标不同，选择不同。但对车企来说，做短线、割韭菜的行为注定不可取。即便世界如此喧嚣，也必须坚定地选择长期主义，这才是可能唯一的活路。

首先，与其他普通商品不同，汽车的单价高，导致消费者的决策时间长。从3～5年的产品研发到上市，再到2～5年之后一代产品的换新演变，再加上用户认知的培育、口碑的塑造等，这是一个非常漫长的过程，需要时间的积累。

其次，汽车行业是重资产行业，造车的门槛首先就是重金投入，达到规模效应后，才可能开始盈利，整个回报年限非常长，所以，在汽车行业，想要做短线、赚快钱，几乎不可能。

另外，汽车市场千变万化，不确定性太多。以2020年为例，谁也没有预料到汽车行业会因为疫情和芯片等问题引发系列震荡，缺芯居然成了压死小部分车企的最后一根稻草。即便现在新能源汽车是行业大趋势，但目前谁也不知道什么时候才能真正迎来新能源汽车的普遍消费热潮，纯电动汽车又是不是新能源车型的最终形式？面对未来市场的诸多不确定性，也唯有坚守长期主义。

高瓴资本创始人张磊在《价值》一书中说：流水不争先，长期主义不仅仅是一种方法论，更是一种价值观。得到App创始人罗振宇也说：“只有长期主义者，才能成为时间的朋友。”

汽车产业注定是一场没有终点的马拉松。走在这条赛道上的极氪，只有坚持扮演长期主义者，耐得住寂寞，扛得住风险，看得清方向，才能拥抱未来。

那么，极氪该如何做到长期主义？

坚持推出好产品，就是长期主义。有句话叫，产品是基础，营销是放大。产品是一块敲门砖。它的好与坏，是否符合市场需求和消费者喜好，决定了消费者是否愿意进一步了解你。市场在变，产品也要随机而动。汽车早已不是一个"买到手就开始落后"的机械产品，而是一个可以不断进化、迭代的智能网联终端，时刻紧跟市场，才有可能引领市场。

但产品一定不是堆料，不是花拳绣腿。就像之前市场上吹起的那股"屏霸之风"，从车内 3 屏、4 屏、5 屏，甚至到 10 屏，屏幕虽然越来越多、越来越大，但消费者并不为所动，对他们来说，"屏霸"或许不是便利，而是负担。

所以，我们在看到用户和市场需求不断变化的同时，也要看到"亘古不变"的东西，比如新能源汽车的安全性、舒适性、充电便利性等，如何把这些"不变"的要素做到极致，才是打造好产品的方向。看懂底层逻辑，坚守底层逻辑，才能穿越周期。

坚持极致的用户服务，就是长期主义。培养一个忠诚的用户可能需要五年、十年，但丢失一个用户只需要一瞬间。在以用户为主的时代，千万不能把用户当成"韭菜"，别把与用户之间的沟通看成"买卖"。

截至 2025 年 1 月，极氪品牌累计交付量近 42 万辆。极氪 009 交付第 3 个月，就成为 50 万元以上豪华 MPV 销冠。"极氪现象"的诞生，源于用户的认可和支持，这份来之不易的成绩更需要持续维护好。

服务是一份苦差事，需要下笨功夫。多走进用户、多听听他们的意见和反馈。以真诚之心和用户交朋友。或许用户的话比较直白，批评比较刺耳，但忠言逆耳，批评很多时候反而使人进步。

在过去，有些车企可能是机会主义者，有些车企可能是阶段性的胜利者，但当市场变了风向，最先倒下的，就是他们。那些真正能够引领行业和适应变化，并能够持续存活下去的企业，一定是以长期主义作为导向的。立足现在，放眼未来，在最激烈的角逐中，极氪一定要咬紧牙关，屏蔽外界喧嚣，以技术产品为核心，以品牌与用户为护城河，修炼内功，坚持跑完这场马拉松。

在坚持长期主义的过程中，极氪需要从技术研发、用户体验、企业文化等多个方面入手，构建起强大的品牌竞争力。首先，技术研发是长期主义的核心支撑。汽车行业正处于电动化、智能化、网联化的转型期，技术迭代速度极快。例如，自动驾驶技术从最初的辅助驾驶功能，已经逐步发展到部分自动驾驶和高度自动驾驶阶段。极氪需要在技术研发上保持足够的前瞻性和投入力度，确保在关键技术领域保持领先优势。以电池技术为例，目前固态电池被认为是下一代动力电池的重要发展方向。极氪可以加大在固态电池研发上的投入，与高校、科研机构合作，建立联合实验室，提前布局这一领域。通过持续的技术创新，极氪不仅能提升产品的核心竞争力，还能为品牌的长期发展奠定坚实的技术基础。

其次，用户体验是长期主义的重要体现。在以用户为中心的时代，品牌成功与否取决于能否为用户提供卓越的产品和服务体验。极氪需要在用户体验的各个环节下功夫，从产品的设计、制造到售后服务，都要以用户的需求为导向。例如，建立线上线下融合的销售模式，通过线上平台提供车辆预订、配置选择、金融服务等一站式服务，同时在线下建立体验中心，让用户能够亲身体验车辆的性能和科技配置。此外，极氪还可以学习特斯拉的软件付费模式，通过软件升级为用户提供更多增值服务，增加用户的黏性和品牌的附加值。

在全球化战略中，长期主义还体现在品牌的国际化布局上。极氪需要在海外市场建立长期的品牌形象和用户基础。这不仅需要在产品和服务上满足不同市场的需求，还需要在品牌传播和市场推广上进行长期投入。例如，通过参加国际车展、举办品牌活动等方式，逐步提升品牌在国际市场的知名度和影响力。同时，极氪还需要关注国际市场的政策变化和文化差异，通过本土化的策略，更好地适应不同市场的需求。

第三节　先对标再立标

我们要学习别人怎么赢，然后自己才能赢。

世界上成功的企业都有一个共同点，那就是“学习”。向对手学习，向行业老大学习，通过与优秀企业进行对标对比，找到自己的差距和不足，然后奋

勇直追，与之比肩，最后实现超越。

可以说，成长最快的方法就是对标。

“对标”一词最早出自“标杆管理”，由美国施乐公司于1979年首创，被视为现代西方发达国家企业管理活动中支持企业不断改进和获得竞争优势的最重要的管理方式之一，西方管理学界将标杆管理、企业再造、战略联盟并称为20世纪90年代的三大管理方法。

标杆管理是指企业以行业内或者行业外的一流企业作为标杆，从各个方面对比标杆企业进行分析、判断，通过学习他人的先进经验来改善自身的不足，从而赶超标杆企业，不断追求优秀业绩的良性循环过程。

小到一家公司，大到一个行业，使用对标策略，都能取得意想不到的效果。①例如，在短视频领域，火山小视频是字节跳动最早在短视频领域试水的动作，由今日头条原班人马打造，字节跳动创始人张一鸣曾说，做火山小视频的初衷，就是想对标当时市场上最大的竞争对手——快手。如今，抖音和快手纷纷占据了短视频市场的半壁江山。②咖啡行业，对标星巴克的瑞幸，逐渐成长为“年轻人的第一杯咖啡”。③在汽车领域，我们常说的对标，即是指在产品、技术、服务等领域，对比标杆，不断缩小差距。可以说，中国汽车工业就是在对标中发展起来的。从早期的模仿借鉴合资，到后来的对标合资，再到现在的逐渐超越合资。在对标合资过程中，中国汽车工业实现了从无到有、从有到强的蜕变。

作为中国自主品牌的领头羊，吉利汽车很早就开始实践“标杆管理”：2002年对标现代企业制度，对吉利汽车组织架构和制度进行改革。2004年，对标海尔，学习海尔人单合一的管理理论。2005年，对标丰田，建立吉利员工提案制度。2010年，对标沃尔沃，打造高品质产品。2011年，对比三电贝洱，建立快乐经营体。2018年5月，吉利甚至将对标文化纳入集团四大文化之一。

当然，对标的标杆不是一成不变的，它可以随着事物的发展进程动态变化，不断进阶，因而衍生出“动态对标”的概念。吉利远景这款车型，2015年以前，对标的是民族品牌；2016款远景对标的是日系车型；2017款远景对标的是德系车型。

领克从诞生到在年轻人中立足，也使用了对标方式，对比强势合资品牌，在产品上实现多项越级，在服务和用户体验上实现多角度升维，确实让很多年轻人成为领克的忠实拥趸。对标之后，领克以新的标准和玩法，带领着中国品牌从过去的硬件竞争逐步转向软件标准竞争，塑造了中国品牌全面赶超甚至领先合资品牌的新起点。

在对标过程中，极氪需要关注竞争对手的多个方面，包括产品技术、用户体验、商业模式等。以特斯拉为例，其不仅在产品技术上具有优势，还通过直销模式和线上销售平台，为用户提供了更加便捷的购车体验。极氪可以借鉴这种模式，优化自身的销售渠道和售后服务体系。例如，建立线上线下融合的销售模式，通过线上平台提供车辆预订、配置选择、金融服务等一站式服务，同时在线下建立体验中心，让用户能够亲身体验车辆的性能和科技配置。此外，极氪还可以学习特斯拉的软件付费模式，通过软件升级为用户提供更多增值服务，增加用户的黏性和品牌的附加值。

同时，极氪在对标过程中还需要关注竞争对手的用户体验和商业模式创新。例如，宝马、奔驰等传统豪华品牌在内饰设计和驾驶体验上具有深厚的技术积累和品牌优势。极氪可以通过学习这些品牌的长处，结合自身在新能源技术上的优势，打造出更具竞争力的产品。在商业模式上，极氪可以探索新的服务模式，如订阅服务、共享出行等，满足用户多样化的需求。

然而，对标只是第一步，立标才是最终目标。立标意味着企业需要在某个领域或某个产品上树立起自己的标准和规则，成为行业的引领者。对于极氪而言，立标需要在技术创新、用户体验和品牌建设等方面实现突破。例如，在自动驾驶技术方面，极氪可以通过持续的研发投入，率先实现 L4 级自动驾驶的商业化应用，从而在这一领域树立起自己的技术标准。在用户体验上，极氪可以通过打造独特的服务模式，如“极氪生活圈”，为用户提供全方位的出行解决方案，从而在服务领域树立起自己的品牌标准。

作为汽车市场的“后浪”，极氪依然要坚守先对标再立标的原则。当然，极氪的基因里也自带对标文化。比如，极氪 001 对标特斯拉 Model 3、宝马 5 系，极氪 009 高调对标埃尔法，极氪 X 对标奥迪 Q3、宝马 X1、奔驰 GLA 等传统豪华 BBA。

对中国品牌而言，其品牌底蕴确实比合资品牌薄弱，存在用户认知不足等问题，但从产品硬件的使用和软件标定上，中国品牌能够做得比合资品牌

更好，推出比合资品牌性价比更高的产品，所以，先对标再实现立标，是极氪抢夺市场份额的唯一途径。极氪从最难的、高端的、豪华的做起，就是想以此作为其成功的“支点”。除了产品对标外，服务和技术也需要对标行业头部企业。

需要注意的是，以对标方式走性价比路线，能吸引消费者的关注。但要真正成为世界一流企业，仅仅对标肯定不行。

苹果、华为、亚马逊等顶级公司能成为行业 TOP1，是因为立标。在没人可学的环境下，自己创立了标准，形成规则力、创新力、影响力、品牌力，成为行业的规范、全球的标准。

在全球化战略中，立标还需要体现在品牌的国际化影响力上。极氪需要通过技术创新和品牌传播，逐步提升品牌在国际市场的认可度和影响力。例如，通过参加国际车展、举办品牌活动等方式，展示极氪的技术实力和品牌魅力。同时，极氪还需要关注国际市场的政策变化和文化差异，通过本土化的策略，更好地适应不同市场的需求。

回头看吉利的发展，同样经历了从对标到立标的过程。吉利 CMA 架构和雷神混动系统的发布，是吉利从品质自信到技术自豪的进化，是吉利立标的底气所在。“家轿颠覆者”星瑞、“SUV 颠覆者”星越 L 已深入人心。

在极氪 X 上市发布会上，安聪慧说道，在现有的紧凑豪华车型市场里，只有豪华品牌，但没有真正的豪华产品，极氪 X 正是为了颠覆这个细分市场而来。从这段话中，似乎嗅到了一丝极氪“立标”之味。极氪 X 能否立标成功，我们静待市场反馈。

第四节　输出技术标签

在中国汽车市场发展初期，出现了一种非常有意思的现象：打开市面上绝大部分自主品牌车型的引擎盖之后，发动机上面赫然印着三菱的 LOGO。彼时，国产车刚起步，还没有自己成熟的研发体系，没办法生产出成熟稳定的“三大件”，所以，大家纷纷向外国车企寻求技术支持，而当时，只有处于财务危机的三菱，愿意向中国品牌出售发动机。

当时，三菱的发动机技术并不是最先进的，但因为成本较低，且稳定性和可靠性不错，比亚迪、吉利、长安、江淮、众泰、中华、长城、莲花等多个自主品牌纷纷采购三菱发动机进行组装生产汽车。

时光辗转。几十年后，中国汽车市场出现了一种更有意思的现象：有消息称，三菱的中国产线已经停产。合资品牌广汽三菱将出售长沙工厂，生产广汽埃安的电动汽车，三菱品牌或将退出中国市场。虽然广汽三菱方一直矢口否认，但无论三菱汽车在国内产线重启与否，也已改变不了其落寞的事实。2021 年和 2022 年，其销量分别为 66 006 辆和 33 600 辆。

有人指出，三菱的没落是因为没资金、没技术。反过来说，在三菱发动机的背后，也默默上演了一部自主品牌的蜕变史。

2009 年，中国成为全球最大汽车市场，虽然市场井喷式地发展，新产品不断涌现，但依然未能摆脱自身“大而不强”的标签，自主品牌在很多细分市场还是一片空白。2010 年，三菱发动机在自主品牌中的装机份额甚至达到 90%。因为没有核心技术沉淀，自主品牌只能屈居市场最底层，以性价比和走下沉市场的策略换取一杯羹。更惨的是，赚取的绝大部分利润要被外国企业拿走。

三十年河东，三十年河西。随着时代的变化，奋发图强的自主品牌从夹缝中看到了曙光，凭借自身对技术的潜心专研和摸索，自主品牌实现了质的突破，比亚迪、长安、长城、吉利等纷纷开始建立自己的发动机研发体系和三电技术等，比亚迪 DM-i、吉利雷神动力、长城柠檬混动 DHT、长安蓝鲸 iDD 混动等，均成为国内外一张张闪光名片。相关动力系统的装车量不断攀升，相关车型也逐渐开始占领市场。

可喜的是，中国自主品牌在多年的“卧薪尝胆”后，迎来了春天。2022 年 12 月，自主品牌批发市场份额高达 57.5%，2022 年 1—12 月，自主品牌累计市场份额为 50%。这也是近十几年来，自主品牌首次全年市场份额达到 50%，占据半壁江山。

自主品牌的奋斗史告诉我们一个深刻的道理：对任何一家制造企业来说，技术能力和制造能力都是不可缺少的骨骼和肌肉，只有当企业具有了真正强大的自主研发能力和创新驱动能力后，这个躯体才真正具备了灵魂，才能站起来。

一直以来，技术和市场都是相辅相成的，若想打开更多市场的大门，必须有着更为领先的技术优势。有技术做支撑，消费者也才愿意去了解、认可和买单。

如今，从买核心部件到自主研发核心技术，中国汽车品牌慢慢在摆脱“没有技术”标签，逐渐走出了自己的一条道路。借助电动化的浪潮，中国汽车品牌正在将电动化领域积累的技术优势推向海外，向国外企业“反向输血”。比如，比亚迪向新能源汽车巨头特斯拉供应刀片电池，特斯拉德国柏林的超级工厂已经开始生产搭载比亚迪电池的 modelY 后驱基础版，这为中国汽车工业史书写了浓墨重彩的一笔。

吉利与奔驰合作的 smart，定位为轻奢智能纯电汽车科技品牌，其外观设计来自梅赛德斯-奔驰，而技术来自吉利。另外，吉利也和雷诺展开了合作，在韩国市场为雷诺提供技术支持，提供先进的混动技术以及 CMA 模块化架构。据说，未来奔驰 A 级轿车或将摒弃与雷诺合作开发的 1.3T 发动机，转而使用吉利的新型四缸发动机。

从技术的吸纳方变成了输出者，从侧面反映出中国自主品牌的技术也逐渐获得了国际市场的认可。当然，如何继续深耕国际市场，以价值与技术作为支点，走高端出海路线，在国外扎根甚至开花，这也是自主品牌走出去必须考虑的议题。

对于极氪而言，比亚迪和吉利等车企正在走的海外之路，也是极氪即将走的路。

依托吉利的“巨人力量”，极氪已有一个技术“鱼池”，里面有各种各样的技术：SEA 浩瀚架构、神盾电池、800 V 快充技术、自动驾驶等，待时机成熟，均可取而用之。对极氪而言，走向全球化，必须输出技术标签，以技术为根基，以产品为剑，刺向市场。

但技术，自己有，并不等于别人知道。

我们都知道，德国车性能好、可靠；日本车省油、舒适；美国车“油老虎”、笨重、空间大；韩国车，漂亮，高配。这是我们几十年甚至上百年来，对外国汽车品牌形成的刻板印象。刻板印象的形成，一方面是我们习惯性地由我们所接触到的部分，去推知这个群体的“全体”。另一方面是源于媒体的报道，媒体就像一个放大镜，不断放大某个事物或者某件事情的优点和缺点。

即便现在中国自主品牌已在电动化方面实现了弯道超车，三电技术、智能科技、安全性、可靠性等都做得不错，但外国人对中国品牌的刻板印象并没有改观，需要一个非常漫长的过程。所以，极氪不仅要对外输出技术标签，还要大力传播技术标签，通过国外车展、大型展会、经销商渠道、媒体传播等各种方式，传递极氪的技术优势，并让国外消费者感知。

通过参加国际知名车展，如日内瓦车展、法兰克福车展等，极氪可以向全球消费者展示其最新的技术和产品。例如，极氪可以在车展上设立专门的技术展示区，展示其在电池技术、自动驾驶、智能网联等方面的创新成果。通过现场演示和互动体验，让消费者直观地感受到极氪的技术实力。同时，极氪还可以通过举办技术论坛和研讨会，邀请行业专家和媒体参与，进一步提升品牌的技术影响力。

其次，国际赛事和行业论坛也是输出技术标签的有效途径。通过参加国际汽车技术挑战赛，极氪可以展示其在自动驾驶、智能网联等领域的先进技术成果。例如，与国际顶尖技术团队同台竞技，不仅能够提升极氪的技术水平，还能在国际舞台上树立技术领先的品牌形象。此外，极氪还可以积极参与国际汽车行业的标准制定工作，通过参与国际标准的制定，将自身的技术优势转化为行业标准，进一步提升品牌的国际话语权和影响力。

除了传统的展示渠道，极氪还需要通过新媒体和数字化平台，扩大技术标签的传播范围。例如，通过社交媒体、短视频平台等渠道，发布技术科普视频、产品评测等内容，让消费者更直观地了解极氪的技术优势。同时，极氪还可以与知名科技博主和汽车媒体合作，通过他们的影响力，进一步提升品牌的知名度和美誉度。

在全球化战略中，输出技术标签还需要结合本土化的策略。不同市场对技术的认知和需求存在差异，极氪需要根据不同市场的特点，调整技术标签的传播策略。例如，在欧洲市场，消费者对环保和可持续性技术的关注度较高，极氪可以重点展示其在电池回收和可持续材料使用方面的创新成果；而在北美市场，消费者对自动驾驶和智能网联技术的兴趣更浓厚，极氪可以重点展示其在这些领域的技术优势。

如果某一天，在外国消费者眼中，极氪是靠科技竞争而不是低价、靠质价比高而不是性价比高、靠讲究而不是将就打入市场的，那么极氪的全球化战略才算得上真正的成功。

第五节　讲好极氪品牌故事

假设有一台车，它有自动刹车防撞系统，你会不会因为这种功能，马上买？但如果我说，因为这台车的这种功能，曾经拯救了一个横穿马路的小孩，你会不会突然对这种功能有了好感，并且下次买车时，一定会侧重问销售人员有没有这种功能。

这就是故事的魅力。消费者总是对抽象的事实无感，对跌宕起伏的具体故事如痴如醉。这也是为什么很多企业产品做得好，但就是卖不出去的原因。故事提供了快速的联想空间，比理性的叙述有效得多，它直通人的情感神经。

人为什么喜欢听故事？著名人类发展与应用心理学教授基思·斯坦诺维奇的研究或许可以回答。

他将人类的认知分为系统 1 和系统 2。系统 1 与感性相关。感性的思维方式是自动化的，是我们大脑内置的一种思维方式，可以自动启用，并且所需要消耗的能量非常少。而系统 2 与理性相关。理性思维是一种你需要提醒它，它才会启用的认知方式。如果你不开启理性认知的阀门，它就会沉睡，运算速度很慢，且消耗的能量很多。人的大脑又遵循一个准则：能不动脑，就不动脑。

所以，生活中，人们总是喜欢用感性思维去做出判断。用感性的故事去做营销，一定是抢占消费者心智的最有效、最持久的工具。故事，存在着天然的穿透力。

例如，会讲故事的法国依云矿泉水，它将整个发现过程编成一个“侯爵奇迹痊愈，拿破仑三世及其皇后赐名”的极具传奇色彩的故事，然后将稀缺性和附加值提炼出来，让所有人觉得自己喝下去的依云，不是普通的水，而是品牌 200 年的传奇和尊贵梦想。

一枚普通的橘子，在大街上无人问津，一枚褚橙，却一抢而空。这就是因为褚时健以自己大起大落的人生故事，赋予了褚橙特殊的意义，让它成为一颗励志的橙子。

品牌理论创始人杜纳·E·科耐普曾说:“品牌故事赋予品牌以生机,增加了人性化的感觉,也把品牌融入了顾客的生活。”

汽车圈的宝马、奔驰、奥迪,以及雷克萨斯等,都是通过讲故事,沉淀品牌内涵。宝马以故事赋予 BMW 驾趣内涵,奔驰主打舒适性,而奥迪则通过故事塑造科技感,雷克萨斯拼命传播自己的匠心精神。

反之,在中国市场折戟的 DS、Jeep、铃木、菲亚特、雷诺等品牌,则是故事能力有限,确实让中国消费者“不感冒”。

营销界一直流传着这样一句话,storytelling 是最有效地提高用户参与度和说服用户的方法,也是增加品牌溢价能力的方式。有了溢价能力,才能形成品牌独特资产。

品牌故事的魅力在于其能够激发消费者的情感共鸣。消费者总是对抽象的事实无感,而对跌宕起伏的具体故事如痴如醉。例如,宝马通过其“驾驶乐趣”的品牌故事,成功地将品牌与驾驶激情联系在一起;而奔驰则通过“舒适与豪华”的故事,让消费者感受到品牌的高端定位。对于极氪而言,品牌故事需要从产品、技术、用户体验等多个维度展开,通过生动的案例和感人的故事,让消费者感受到极氪的品牌温度和活力。

极氪的全球化之路,也必须讲好自己的故事。这故事里,既包含产品、技术,也包括用户运营和品牌塑造等。

在产品上,极氪不但要紧跟当下潮流,带来智能化、电动化和数字化的产品,也要有自己的独特之处。小到车身配色,大到外观造型、内饰设计、科技配置、核心技术等,都可以讲故事。马自达的魂动红,DS 的巴黎风格内饰,都给人留下了深刻印象。当然,提升产品质量和产品品质,增强品牌价值感,这些也是极氪搭建“万丈高楼”的基石。可以通过讲述产品的研发故事,展示其在技术创新和用户体验上的努力。例如,极氪 001 的开发过程中,研发团队如何克服技术难题,实现高性能与高续航的平衡;极氪 X 的设计灵感如何来源于中国传统文化,将现代科技与东方美学完美结合。通过这些故事,消费者不仅能够了解产品的技术优势,还能感受到极氪的品牌精神和文化内涵。

在这个世界上,最难的是取得信任,而核心用户就是极氪的品牌资产之一,通过与用户成为朋友,讲述各式各样的用户故事,跳脱单一的产品功能呈

现，彰显品牌的温度和活力，让用户为品牌代言，让用户影响更多用户，这一定是极氪建立品牌竞争壁垒、形成差异化竞争优势的核心法宝。

在技术层面，极氪可以通过讲述技术突破的故事，展示其在新能源汽车领域的领先地位。例如，极氪的 800 V 快充技术如何从实验室走向市场，为消费者带来更便捷的充电体验；极氪的自动驾驶技术如何通过无数次的测试和优化，逐步提升安全性与可靠性。通过这些故事，消费者能够感受到极氪在技术创新上的努力和决心，从而增强对品牌的信任和认可。

在用户体验层面，极氪可以通过讲述用户故事，展示品牌的温度和人文关怀。例如，极氪车主如何通过品牌活动结识志同道合的朋友，共同分享出行的乐趣；极氪如何通过用户反馈不断优化产品和服务，提升用户的满意度。通过这些故事，消费者能够感受到极氪品牌的人性化和温暖，从而增强对品牌的认同感和忠诚度。

营销层面，很多汽车品牌都在通过国际大事件营销，如海外车展、国际论坛盛典、全球峰会等，借力国际化 IP，展现自己的核心优势，提升自己在国际上的影响力。讲好营销故事，对品牌也有加成作用。极氪在结合品牌正面形象的同时，也可借鉴这一方法，以增加品牌吸引力。

过去，汽车品牌往往被视作品质背书和地位象征，因而传统汽车品牌营销擅长“彰显品牌自我”的品质感、高端性。而在“用户本位”时代，汽车品牌更是一种“自我象征”，能够让用户投射自我情感，反映不同的人生态度与价值观。所以，极氪的品牌故事要从品牌定位出发，赋予品牌鲜明的性格，唤起消费者的情感共鸣。

更重要的是，作为中国汽车品牌，极氪不仅要讲好自身品牌故事，也要讲好中国汽车故事，有责任让中国品牌享誉全球。

而讲好中国汽车故事，极氪可以以博大精深的中国文化作为切入点。当今，中国文化已然成为一种越来越被大众认可的文化现象。一方面，年轻一代消费者正在不断提升自身的文化自信，民族自信心和民族自豪感增强，年轻人对自己本国优秀传统文化越来越有认同感。另一方面，汽车行业在经历了数十年国外车企的文化感染之后，在“刀耕火种”中成长起来的中国自主品牌，已然脱胎换骨，开始有意愿和能力将中国文化的精髓提炼出来，将中国文化与汽车工业完美融合并发扬光大。国潮、中国风、中国美学等在汽车圈的兴起，便是一个最好的例证。

令人印象深刻的是，吉利旗下的旗舰车型星瑞与三星堆、《只此青绿》等合作，用现代科技致敬中华文明，实现了中国传统文化的再创新，开启了中国汽车品牌的文化自信。在海外畅销的博越系车型，使用过西湖的涟漪、传统的“回纹”和玉如意等设计元素，赋予汽车文化新高度，收获了消费者一致好评。

在极氪的诸多布局中，也能窥见其与中华文化相融合的动作。2023 年 3 月，美国缪斯设计奖(Muse Design Awards)公布了 2023 年获奖名单，源于江南园林风的极氪中心、苏州阳澄湖服务区、融入福州“三坊七巷”古厝文化的福州东百中心，双双斩获国际设计金奖。

在全球化战略中，讲好中国汽车故事还需要结合中国文化的优势。中国文化博大精深，蕴含着丰富的哲学思想、艺术风格和生活智慧。极氪可以通过将中国文化元素融入产品设计和品牌传播中，展示中国品牌的独特魅力。例如，极氪中心的设计灵感来源于江南园林和中国传统建筑，通过现代科技与传统美学的结合，让消费者感受到中国文化的独特魅力。

但这还远远不够。破浪全球市场，极氪一方面需要不断赋予自身丰富的品牌内涵和深度，讲好中国汽车故事；另一方面需要在本土化和全球化中找到平衡点，让全球用户体验到中国新能源汽车的高价值与高性能。同时，让更多人看到极氪在全球化布局过程中所展现的实力与智慧，让世界看到中国品牌的新能源故事可以如此精彩。

参 考 文 献

[1] 赛力斯汽车集团。培育新质生产力，推动新能源汽车产业实现新跨越[N]. 人民政协报，2024-05-17.

[2] 许秀瑞，田善武，王俊鹏. 全球新能源汽车技术创新合作网络演化分析[J]. 工业技术经济，2020，39(10)：65-73.

[3] 班娟娟，金辉. 专家："逆全球化"是全球化周期变化的一个阶段[N]. 经济参考报，2017-06-08(8).

[4] 张冬梅. 技术出海让中国汽车全球化之路越走越宽[N]. 中国汽车报，2025-03-03(10).

[5] 李晓华. 技术推动、需求拉动与未来产业的选择[J]. 经济纵横，2022(11)：45-54.

[6] 张荣举. 正版快消品产品开发方法：打造快消爆品云南科技出版社[M]. 云南：云南科技出版社，2021.

[7] 凌永成，李雪飞. 现代汽车与汽车文化[M]. 北京：清华大学出版社，2010.

[8] 陈革. 巅峰之后：美国汽车文化透视[M]. 北京：机械工业出版社，2010.

[9] 张发明. 汽车品牌与文化[M]. 北京：机械工业出版社，2008.

[10] 史文库. 现代汽车新技术[M]. 北京：国防工业出版社，2011.

[11] 林平. 汽车童话：汽车品牌与商标[M]. 北京：电子工业出版社，2006.

[12] 汪涛，李松炎. 汽车文化[M]. 北京：国防工业出版社，2011.

后记：潮信刻度

暮色中的宁波杭州湾跨海大桥，海水正在计算新的潮差。两年前封存于书稿中的中国新能源汽车叙事，此刻在特斯拉柏林工厂的探照灯下、在蔚来挪威展厅的极光倒影里、在比亚迪巴西雨林深处的光伏充电站中，已然生长出更粗粝的纹路。潮水退去时，留在滩涂上的不仅是贝壳，还有被重新定义的工业文明密码。

当极氪 009 穿透阿尔卑斯山的隧道时，车载系统显示的不仅是剩余续航里程，更是中国动力电池能量密度持续提升的技术刻度。那些曾在慕尼黑设计中心被咖啡渍浸染的草图，如今演变为欧洲新车碰撞测试(Euro NCAP)榜单上取得优异成绩而备受瞩目的中国车标。据行业报道，中国车企在 Euro NCAP 中取得了显著进步，这不仅是某款车型的胜利，更是中国车企研发投入强度持续增加的必然投射。在斯图加特老城区的古董车修复作坊里，老师傅们用麂皮擦拭着 1960 年代转速表的间隙，总忍不住瞥向窗外，这似乎象征着新能源汽车的未来。

供应链重构的趋势正在全球范围内逐步显现。墨西哥某地，宁德时代计划建设磷酸铁锂工厂。宁德时代工程师调试的不仅是生产线，更是中国动力电池全球市场占有率持续攀升的产业意志。据市场调研机构数据，宁德时代全球市场占有率在 2024 年达到 37.9%，持续攀升。而在曼谷湄南河畔，装载着广汽埃安右舵车的货轮正切开浑浊的河水，其航迹与二十年前日系车逆流而上的路线惊人重合——只不过这次，船舱里藏着泰国新能源汽车市场显著提升的份额碑文。行业数据显示，中国新能源汽车在泰国市场的份额正在快速增长。

潮水最懂礁石的抵抗。那些曾被质疑“透支未来”的换电站,如今在中欧班列沿线逐步布局,其背后是中国新能源汽车出口持续增长时,民营企业贡献度显著提升的结构质变。据海关数据,中国新能源汽车出口量在过去几年中大幅增长,民营企业在其中发挥了重要作用。

在上海临港,车路协同感知基站群的建设正稳步推进,其规模在国内名列前茅,为智能网联汽车的安全运行提供了坚实基础,也为未来行业标准的演进贡献了中国智慧。据上海临港智能驾驶测试区官方数据,其车路协同感知基站群的建设正在为行业标准的演进提供重要参考。

此刻回望钱塘江入海口,潮涌线早已不是地理学意义上的痕迹。当800 V高压平台击穿行业焦虑,当全球化定义权从底特律圆桌会议转移到上海临港智能驾驶测试区,中国汽车工业终于挣脱了“弯道超车”的隐喻困境。在雅加达的街头,网约车司机用带咖喱味的中文念着“智能座舱”;在开普敦的贫民窟,孩子们踩着五菱宏光 MINI EV 的包装箱追逐落日——这些碎片化的场景,拼凑出的恰是全球汽车产业技术进步的缩影,彰显了技术普及与民主化进程的不可逆性。

但浪潮之下仍有暗涌。据欧盟委员会发布的反补贴调查文件显示,中国电动汽车在欧洲市场占有率快速增长,引发了当地市场的关注。而在密歇根湖西岸,碳关税和稀土管制议题正在成为影响新能源汽车产业的重要因素。据美国国会相关文件显示,这些议题正在被广泛讨论。

或许真正的变革永远携带矛盾的基因。就像极氪智慧工厂的机械臂末梢,既闪烁着高精度激光焊点,又倒映着流水线旁年轻工程师们的工作活力。这种混沌中的生命力,或许正是中国汽车专利公开量连续九年全球第一的另一种注脚。在国际新能源实验室中,宁德时代麒麟电池正在接受测试,这体现了全球科研合作的紧密性。

潮信往复,但每一次冲刷都在重塑岸的轮廓。当书稿截稿的电子提示音响起时,请记住这些瞬间:中国深圳湾超级总部基地正在进行车路云一体化基础设施建设,为未来的智能交通奠定基础;在美国加州圣何塞的某科技公司,华人工程师正在探索智能汽车技术与人工智能的融合;在挪威的极端环境中,极氪自动驾驶车辆正在测试,展现了中国新能源汽车技术的先进性。

合上这份书稿时，请凝视 2025 年春夜上海码头启航的滚装船：那甲板上未干的水痕，既是太平洋的盐粒，也是新时代的胎记。而船舷切开的海面之下，曾经的旧时代工业遗迹正被新时代的新能源舰队所取代。

2025 年 4 月于上海